歴史文化ライブラリー
364

モダン・ライフと戦争

スクリーンのなかの女性たち

宜野座菜央見

吉川弘文館

目　次

バビロンの女たち

スクリーンの「平和」という命題——プロローグ

本書は、一九三〇年代を中心とする日本映画、とりわけスクリーンの女性たちに注目しながら映画と同時代の社会との関係を考察する試みである。女性を中心にして映画と同時代の資本主義の論理をつなげ、表象と社会的現実が共有し依拠する価値観を、時として現実を圧倒する表象のパワーを考える試みであると言ってもよい。どうして一九三〇年代の映画なのか、女性たちへの関心なのか、順を追って説明しよう。

一九世紀末に誕生した映画が、娯楽・メディア・芸術のいずれの意味においても目まぐるしく成長を遂げたのは二〇世紀である。それは世界史上めざましい科学技術の発達とそれに結びついた二つの世界大戦を見た「戦争の世紀」にほかならない。同時に、そうした人間の栄光と悲惨とをフィルムがまざまざと留め得た「映像の世紀」でもある。ドラマにドキュメンタリーに、ナチスの政治宣伝に日米の戦意昂揚プロパガンダに、原爆・ホロコーストの悲惨を伝える反戦平和のアピールに、枚挙にいとまがないほど二〇世紀の戦争と映像は密接な間柄にある。

とりわけ日本映画の場合はその間柄を認識しないわけにはいかない。日本映画が発声映画（トーキー）化を通して技術的・産業的・芸術的に著しく成長した三〇年代は、植民地帝国日本が総力戦の体制を準備し中国大陸に戦争の災禍をもたらした時代、いわゆるファシズム化の時期に合致する。三〇年代の日本映画を戦争と切り離して議論することは不適切なのである。映画史研究者ピーター・B・ハーイの大著『帝国の銀幕』や映画評論家佐藤忠男の『キネマと砲声』といった著作が依拠するのはそうした認識に他ならない。そして、日本における最初の本格的発声映画『マダムと女房』の登場と満洲事変の勃発が同じ三一年であることを考える時、「声」をもった日本映画が戦争に向かう国家に従い、戦争プロパガンダを作って奉仕するようになるという流れを思い描くことは歴史的素養と想像力があればそれほど難しくない。映画産業は統制を推進した国家官僚に取り込まれ、日本映画は戦時国家のプロパガンダ装置になった。この理解は巨視的には間違いない。しかし、同時に注意が払われねばならないのは、三〇年代の日本映画が実際には政治レベルの不吉な変化にそれほど素直に同調したわけではなかったことである。むしろ社会が平和にしか見えない映画ばかりが製作されていた。本書が着目するのはその点である。

確かに日本の映画製作は、一九三一年（昭和六）の満洲事変、続く三二年の上海事変が生んだ戦争ヒーローを称揚する事変映画を粗製乱造した。日本映画が他のメディアと共に事変ブームに便乗し戦争を煽り立てたことは間違いない。では、その後の三〇年代の日本映画が同時期に進行するファシズム化を一貫して明示的に証拠立てているかと言えば、決してそうではない。軍事的であれ経済的であれ中国大陸への帝国主義的野望と呼べるもの、日本が膨張する植民地帝国であることを如実に示すもの、あるいは、そうした要素ゆえの政治的不穏さ、国内政治のぐらつき、言論弾圧の閉塞感を暗示するものを、同時代の劇映画に探し出して時代の徴候として確認しようとすれば当てが外れる。そもそも満洲事変後の日本映画は、その直前に流行った左翼思想にも、それまで戦場だった中国大陸にもすっかり関心を失ってしまったのだ。

では日本映画は何に関心を向けたのか。三〇年代における近代性（モダニティ）である。近代性はきわめて多義的な言葉であり、国民の民主的政治参加、科学的・機械的な産業合理化、中流階級と大衆消費の拡大、変容する資本主義社会における主体の構築と日常生活のスタイルまで意味しうる。さらに日本のような非西洋社会においては、近代化と西洋化を同義として語る場合もあれば、近代化が反西洋と国粋主義を招来した文脈を考慮すべき場合もある。日本における近代性は必然的に西洋からの影響と緊張関係を意識せざるをえない。これらを背景としながら、三〇年代の日本映画がモチーフとしたのは、大衆化された消費の文化モダン・ライフである。かつて二〇年代のモダン文化の担い手は、先進的な欧米文化の情報にアクセスできた先端的知識人・中流階級以上の富裕層からジェンダー規範を逸脱するモダン・ガールまで社会の少数派だった。彼らの美学的・芸術的実践を通して西洋的洗練と新しさを認識させたモダン文化は、三〇年代には都市を中心に拡大され大衆化された消費の文化となった。これがモダン・ライフである。日本映画はモダン・ライフの表象を通して同時代に生きる人々の感覚、「今」をつかんで伝えることを目指したのである。

日本映画は不況の二〇年代を忘れ、人々が平和と消費を享受する三〇年代のモダン・ライフの多面性を視覚化することに熱中した。これは左翼思想の徹底排除をめざした検閲の強化だけに帰すべき現象ではない。政治的には暗殺やクーデターに脅かされながら、日本経済は満洲事変後に好転して三〇年代半ばには戦前最高のピークを迎えた。この好景気と並んで、当時の文化の活況を強調する人々の記憶（ポピュラー・メモリー）に対応するものが、日本映画における「平和に見える」社会の表象である。ファシズム化が進んだとみなされる時期の表象が「平和に見える」というのは悪い冗談のようだが、三〇年代の日本映画はその表象のゆえに、政治的認識の位相から捉えて同時代の社会全体を「暗い谷間」とのみ形容することに断固として異議を申し立てるユニークな史料である。重ねて言えば、政治史を一切参照せずに当時製作された劇映画を見ることによって三〇年代の時間的推移をたどるなら、三七年の日中間の戦争勃発を予期させる要素はほとんど見あたらない。まして戦争が中国大陸からアジア全域・太平洋へと地理的に拡大する必然はどこにも存在しない。日本映画に反英米言説が展開されるのは四一年一二月のいわゆる太平洋戦争開始のずっと後のことである。

だからと言って、私は三〇年代の日本映画が戦争に抗するスタンスで平和的なものだったと主張する気はない。平和に見える非政治的な映画を、三〇年代の映画製作者が同時代の政治的現実に向けて密かに仕掛けた批判や抵抗と解するのは必ずしも適切ではないと考える。私が本書で問題にしているのは、この時代の日本映画が、戦争に接近する社会でなく、ごく平和に見える社会を集合的に呈示し続けた現象である。平和に見える社会の表象の根底に日本の資本主義のありかたへの支持があることを問題にしている。この平和に見える社会の表象がむしろ戦争と共犯性をもっていたのではないかと疑っているのだ。

三〇年代は日本の資本主義が近代化した時期であり、戦後日本の技術立国・企業社会を準備する過程となった。恐慌を経験しながら満洲事変後に各国より早く経済を回復した日本では、経済成長と国防を意識したさまざまな官民のプログラムが導入され、産業構造を変容させた。重工業の発展は「工場労働者」の指示内容が明治以来、生産を牽引してきた紡績の女工でなく、製鉄の男性職工へとシフトしたことを意味し、男性主役時代の到来を際立たせる。映画を含む各産業における経営の合理化、資本の集中やカルテルによる競争調整は大会社をより大きく強力にした。定年制度の導入を含め雇用の近代化が進む一方、大会社勤務のサラリーマンとそうでない者の待遇格差はすでに歴然とした。バス車掌からOL化した事務職まで女性が就労する職種が増えながら男性との差別賃金が当然視された。都市と農村とは常に対立する組み合わせとして言及された。

このような不均等が存在しながらも、三〇年代の経済好況は二〇年代からの長期不況下で人々が抱いた革命願望を吹き飛ばした。都市の家庭には電気・ガスが設置され、市民生活のなかに食堂のカレー・ライス、喫茶店のコーヒーを楽しむ余裕があり、消費活動はデパートでの買い物から観光旅行まで拡がりを見せた。人々は現状維持（ステイタス・クオ）、もしくは経済的発展への期待をもって、社会階層に応じた各自のモダン・ライフを追求するようになったのである。消費は人々に自身で個性化した自由を感じさせ、束の間の解放感を与えたかもしれない。

日本映画はこの人々に向けて、同時代日本の資本主義を称揚することに明け暮れた。ユーモラスな音楽映画の未来志向と楽観主義がその代表だ。また時には、モダン・ライフの明るさと対照的な負け組の翳（かげ）りを鮮やかに表現する作品があり、不運なヒロインを描くお涙頂戴の女性向け映画もカタルシスを提供した。

そして男性主役の現実社会と違って、また男性スター中心の時代劇映画の世界とも異なり、職場より家庭空間が前景化されるモダン・ライフの現代劇映画ではモダン・ガールである女性たちが重要な役回りを担った。これが三〇年代映画のイデオロギー効果を考察するうえで女性たちに格別の注意が向けられる理由である。ここで確認を要するのは、サイレント映画の二〇年代とトーキー映画が主流化した三〇年代では、モダン・ガールと言ってもインパクトの度合いが異なるということだ。スクリーンのモガ表象は、社会における反逆的少数派から穏健的主流派へという変容を通して、二〇年代と三〇年代の連続と断絶を象徴するユニークな指標である。

日本映画は礼賛モードの支持であれ、諦念モードの追随であれ、スクリーンにおいて同時代の資本主義を肯定し続けた。この傾向は三七年七月以降の日中戦争期、統制経済の導入を含む社会全体の再編が進む中でも継続した。秀作と評価される戦争映画が製作されるようになっても戦争映画が多数派となってスクリーンを独占することはなく、日本の映画製作は戦時下での空気を読み取りながら、一九四〇年までモダン・ライフというテーマを放棄しなかったのである。これは何を意味するのか。

本書が着目するのは、モダン・ライフを称揚する映画と戦争映画の併存が示唆するような、資本主義と戦争の関係である。モダン・ライフは本質的に個人が消費を通して自分流のモダンを模索する私的生活文化である。したがって、当時の人々が私領域の自律性としてのモダン・ライフを手放したくなければ、戦争を断固して忌避する反応があってもよさそうなものだが、実際には日本人は国家と一体化して中国に対する戦争を支持した。しかも、これまでの歴史研究が明らかにした通り、日中戦争下で人々はモダン・ライフを手放さなかったのである。観光や消費が勢いを失わずに伸びたように映画の隆盛も続いた。モダン・ライフを続ける余裕があった社会では、日露戦争をはるかに凌駕する死者と傷痍兵士の帰還をもってしても、戦争に反対する声が大合唱になることはなかった。侮っていた中国人の死ばかりか、日本人兵士の大量死も身体障害者の発生も日本社会を必ずしもおびやかさなかったということである。当時の日本国民にとって日中戦争は、日本の戦勝によって東洋平和の建設という響きの良い理想を実現し、日本人に大きな現実的利益をもたらす「約束手形」であったと形容できるかもしれない。戦争によって最終的に平和と繁栄が実現されると約束されている間、モダン・ライフを続けつつ「誰かの死」を許容することは可能であり、戦後のさらなる豊かさの到来を期待しよう、というわけである。日中戦争という約束手形は、こうした日本人の、根本的には資本主義的合意によって裏書きされ続けたと言えよう。

映画には成人観客が堅固に抱く見解を一変させるだけの説得力はないが、共感しやすい事柄に関して特定方向へ誘導すべく働きかけることは容易である。映画は不特定多数の大衆観客を対象にするが、興行的成功はその作品が依拠する社会認識や価値観が一定の共感を勝ち得たことと了解されよう。この点で、モダン・ライフをテーマとした人気映画は、戦争に対する日本人の資本主義的合意を考えるうえで刺激的な洞察をもたらす史料である。

映画は創作への意欲と大衆観客を意識したビジネス・マインドから作られる。戦前の日本映画は驚異的に多産で、資本金数百万円の主要会社から泡沫と呼ばれる零細資本の会社まで競って製作したため、観客人口・映画館数で遠く及ばないアメリカ合衆国に製作本数で拮抗したほどだった。また今日と異なり、映画会社は自社専属の男優・女優を抱え、彼らが似たり寄ったりのキャストを構成し、看板スターが各社固有のカラーを印象づけていた。俳優らは時に毎月、あるいは隔週と慌ただしく衣装・化粧を取り替え、ともすれば同工異曲のドラマに次々と出演した。映画を楽しんだ大衆観客は社会階層・教育程度など多様でありながらも、帝国臣民としてのナショナリズムを共有する人々であった。

戦前の劇映画は天皇を描くことを許されなかったが、絶対不可視化された天皇の権威は彼を戴く階層的支配秩序と合致する論理や価値観を映画が援用するたびに安定化されたと言える。モダン・ライフを描く映画は、同時代の資本主義の論理——自由競争と合理化、階級分離の肯定、そして戦時統制を契機とする変化の招来——にあくまで順応し続けた。映画テクストの内部と同時代の社会的現実の間には相同的な論理が作用しており、ドラマにおける問題の調和的な解消解決は、既存の社会秩序を補強しながら行われた。こうした映画によるイデオロギー効果は、観客に映画の前提である日本の資本主義を無意識のうちに是認させ、日常生活のなかで戦争への裏書きを促す社会的条件づけに貢献したと考えられる。

本書は徹底してつながりをつけることを意図している。そのために、政治史・経済史・外交史・思想史・女性史・日本映画史・文学史といったテーマごとに蓄積された、優れた先行研究の成果に感謝しつつ依拠しながら、それらがもたらした知見を結びつけて、三〇年代のモダン・ライフの映画を考察している。こうしたアプローチから書かれた本書が、いささかでも読者の歴史的想像力を刺激することになれば幸いである。

一九二〇年代のナビゲーター栗島すみ子

帝国の民主主義（インペリアル・デモクラシー）の映画——帝国の文脈

栗島すみ子とは？

一九二一年（大正一〇）、可憐な栗島（くりしま）すみ子（一九〇二～八七）のスクリーン・デビューは観客から熱烈に歓迎された。この時、モノクロで無声（サイレント）の「活動写真」は弁士の語りと楽団演奏を伴って上演される賑やかな大衆娯楽だったが、今日認識されるような〈娯楽―メディア―芸術〉ではなかった。芸術としての挑戦も報道メディアとしての開拓も開始されて日が浅かった。劇映画製作のプロフェッショナルとしての固有の知識技能さえ蓄積される途上だったのである。一九二〇年代は谷崎潤一郎や川端康成ら文学者が日本映画を善導しようと製作に関わったが、そうした介入は映画が文化生産の〈場（フィールド）〉として堅固な自律性を確立していなかったことを意味する。それなのにこの場は驚くほど多産で猥雑なまでに創造的エネルギーが漲っていた。

この場に舞い降りた美女が栗島すみ子である。彼女は映画女優という存在を確立し、初の女性映画スターとして日本映画史にその名を刻印される。「日本の恋人」と呼ばれ、『虞美人草』（ヘンリー小谷監督）でのデビュー以来、松竹蒲田撮影所を拠点にほぼ一〇〇本のサイレント映画を撮った。その存在感は、三〇年に昂揚したプロレタリア映画運動が幅広い大衆観客の獲得を目指した時、「林長二郎や栗島すみ子」のファンの取り込みを提唱したことからも見てとれる。「蒲田の女王」として君臨した栗島すみ子は発声映画の時代を迎えて撮影所が大船へ移転したのを契機に映画界を去った。二〇年代の「日本の恋人」は、モダン・ライフの最盛期三〇年代後半に映画から離脱したことで、戦時「日本の母」になることはなかった。現存する映画がほんの僅かで、もっぱら活字情報と写真に頼るしかない映画スターにあえて歴史研究の立場から言及するには理由がある。

図1　『虞美人草』の栗島すみ子

栗島すみ子のキャリアは二〇年代と三〇年代の社

会と映画における連続と変化の両面、とりわけ二三年の関東大震災を境に大きく変貌した二〇年代の社会と映画の関係についてユニークな洞察をもたらすからだ。この章が栗島すみ子にお引き受け願うのは、震災前の社会、日本のサイレント映画と大衆的／帝国的コスモポリタニズム、震災後の社会と連鎖する左翼思想の拡がりとモダン・ガールの変容を中継点としながら二〇年代を概括する行程のナビゲーター役である。

本章は二〇年代を大正デモクラシーというより帝国の民主主義（インペリアル・デモクラシー）の時代として捉える。この時代の個性、すなわち民主的社会の実現を期待するマイノリティもしくは権力関係の劣位に置かれた人々――労働者・農民・部落・女性――からそれぞれ異なる政治的要求の声が上がり、他方では天皇を戴く植民地帝国日本への強い一体感が共有された時代の特色を意識するからである。また帝国の民主主義の内容には政治的主張だけでなく、いわゆる大正モダニズムと呼ばれた新時代志向の文学・批評の言説及び芸術的実践も含む。帝国の民主主義の雑駁な土壌から、コスモポリタンを気取って欧米思想を意気揚々と紹介した先端的知識人やセンセーションを巻き起こしたモダン・ガールが登場したと考えるからである。

止めの一撃

二一世紀を生きる私たちにとって、栗島すみ子の楚々（そそ）とした着物姿のブロマイドから変化や新しさを連想することは困難である。けれども一九二一年（大正一〇）、美貌の一九歳のデビューは本人の意向に関わりなく、映画女優の確立という一つの近代性をもたらした。草創期の二〇年間、日本映画は映画女優をもたず、歌舞伎の慣行に倣って女形（女性の役を専門に演じる男性俳優）に女性の役を演じさせた。明治時代に話題を呼んだ家庭小説は新派劇で定番化され、一九〇〇年代からは映画化が繰り返されたが、ヒロインは映画女形が務めていたのである。

女性が女性を演じることの是非をめぐる論争は、演劇の領域ですでに一九一一年（明治四四）、イプセンの戯曲『人形の家』でノラに扮した舞台女優松井須磨子の成功で決着がついていた。一四年、松井須磨子は文豪トルストイの『復活』の舞台化でヒロインのカチューシャを演じて話題をさらったが、映画では同役を映画女形が演じて大衆観客に人気絶大だった。女優の確立が演劇に遅れること一〇年という時差は映画観客である大衆の近代性志向の程度を示すだろう。西洋の演劇実践を意識した知識階級が近代化を要望した日本の演劇と違って、映画が動員する大衆観客は定着していた映画女形をすぐさま拒絶しなかった。二〇年代は映画でも女優が出演する移行期に入ったが、映画女形に止めの一撃を与えたのが栗島すみ子である。二〇年から映画製作を開始したばかりの松竹はこの栗島すみ子というスターの誕生をもって製作システムを確立した。

スクリーンの栗島すみ子と近い時期に進歩的女性たちは政治的権利獲得に向けて活動を開始している。一〇年代の新しい女たちは良妻賢母という鋳型からの解放を唱えたが、二〇年代の女性たちは具体的に行動した。男女平等を綱領に掲げた新女性協会、そのブルジョワ性に批判的な社会主義者の女性らの赤瀾会など政治性を鮮明にした団体が組織された。女性参政権運動の持続した働きかけは三一年には女性参政権を実現させる寸前までこぎつけている。この間、タイピスト・バス車掌など就労する女性人口は増え、職種も拡大し、二五年のラジオ放送開始は女性アナウンサーを誕生させた。栗島すみ子は彼女たちに先駆けてプロフェッショナルとして映画女優の存在を確立した。だが今日の視点からはパイオニアとしての近代性とスター・アウラにはズレがあるように見える。栗島すみ子のスター性は時代の先端を行く女性のそれとして形成されたものではなかったからだ。

新鮮だが、モガにあらず

日本の映画製作が芸術的価値のある作品を産出し始めたのは一九二〇年代と言われる。時代劇・現代劇共にアメリカ映画から広範な影響を受けながら映画的表現の確立を目指した。日本映画は、震災後の復興で都市化が進んだ二〇年代後半から「モダーン」のイメージを広める役を担いながら、左翼思想の社会的拡がりに敏感に反応しつつ忙しく製作を続けた。だが栗島すみ子が一躍スターになった一九二一年（大正一〇）、モダニズムは大衆レベルで謳歌されるものではなかった。貧者に温かい目を向けるチャーリー・チャップリン主演・監督映画『キッド』が大好評を博したが、左翼思想が流行していたわけではない。辛亥革命で清朝が倒れた中国、ロシア革命で世界初の共産主義国家となるソ連のニュースに加えて、第一次世界大戦後、平和協調に向かう国際秩序や民族自決の概念など新思想や情報が流れ込んだが日本社会には葛藤があった。西洋由来の新奇なものに対して期待・憧れという先進志向と反発・不安という保守志向があったのである。どちらの側の観客からも歓迎された栗島すみ子は新鮮さと淑やかさが調和する均衡点に降り立ったが、この時点で大衆観客が進んで承認したスターの女性性は革新性の凱歌ではなく、むしろ明治的世界との保守的なつながりを際立たせるものだった。

デビュー作『虞美人草』は現代劇ドラマに古代中国の武将項羽と愛人虞美人の悲恋をファンタジーとして織り込み、栗島すみ子扮するヒロイン愛子と虞美人の二役は共に愛する男性のために悲劇的な死を迎える。この『虞美人草』に加えてその後の三年間に主演した新派劇映画のヒロイン像――善良で従順なのに被害者となる女――が彼女のスター・アウラを決定づけた。柳川春葉原作『生さぬ仲』・尾崎紅葉原作『金色夜叉』・菊池幽芳原作

『乳姉妹』などの映画化作品である。新派劇は徹底的に「家」の存続を強調する価値観を貫き、ヒロインは娘・妻・母としてお定まりに袖で涙を拭く。スクリーンの栗島すみ子はある時は嫁いびりに、ある時は男性の裏切りと望まぬ妊娠に追い詰められたが、それまで映画女形で親しまれた役を彼女が立て続けに演じ直すことで、映画において女優こそが本来的であるかのように観客を魅了した。とりわけ徳冨蘆花原作『不如帰』(池田義信　二二年)・『不如帰浪子』(同　二四年)のヒロインとして愛された。

だが大衆観客とは違って、批評家や知的なファンは彼女の主演作の古臭さを批判した。映画の芸術的発展を応援するスタンスから刊行された『キネマ旬報』は、映画化の度に進歩する『不如帰』の映画的表現に言及する一方、「武雄さんは今でも海軍の比率問題を知らない。浪子さんは今でも女子参政権運動を知らない」と二二年のグラビア紹介文で揶揄している。愛し合う夫と妻の意思を阻み、姑による浪子追い出しを可能にする「家」制度に対して改造運動不在のドラマ『不如帰』そのものをからかったのである。

ここで確認しておくと、歴史研究は「家」という家父長的家族制度の近代性を認識している。「家」は前近代から単純に存続するものというより、むしろ後発国である日本が西洋的近代への強い緊張から西洋に対抗しうる自国の「伝統」として再定義された装置と解される。それは天皇を家長と擬制する家族国家観を土台にして概念化され、一八九八年（明治三一）の民法制定で明治社会に定着した。だが当初近代的だった装置に対して、一九二〇年代には家長の戸主権を制限する方向で民法改正が行われた。農村の「家」を離れて都市で暮らす勤労者人口が急増しており、この現実に適合する必要が確認されたのである（桑山敬巳、二〇〇四）。

『地蔵物語』と『琵琶歌』

栗島すみ子の浪子は古臭さの烙印から逃れられなかった。だが大正の時代精神と言われる人道主義の観点を導入して、前近代的で陰湿な「いじめ」のテーマの近代化を図る傾向はすでに現れていた。いずれも栗島すみ子の主演作ではない。一例が伊藤大輔（いとうだいすけ）原作・脚本による松竹映画『地蔵物語』（大久保忠素（おおくぼただもと）二二年）であろう。のちに時代劇映画の監督となる伊藤大輔（一八九八～一九八一）は帝国の民主主義（インペリアル・デモクラシー）の青春を象徴する人である。彼にとって、本来相容れない二つの価値観——内村鑑三の無教会主義への関心やトルストイの著作でなじんだキリスト教的博愛精神と、体系的な資本主義分析で当時の知的青年を魅了し労働階級支配の未来を期待させたマルクス主義への共感——は矛盾なく両立していた。この伊藤が新聞で取り沙汰された事件を人道主義の息吹でヒット作にしたのが『地蔵物語』である。一九二二年（大正一一）に実際に東京で起きた「お初殺し」は養父母による陰惨な一〇歳の女児殺害・バラバラ死体遺棄事件である。際物の話題性で集客を当て込む映画会社の一般的傾向から日活はショッキングな事件をそのまま映画化をしようとして警察から中止を命じられたと言われる。対照的に、松竹は子役高尾光子扮する健気なお初に酷い継母（鈴木歌子）が改心するドラマ『地蔵物語』を仕立てて大成功した。「家」より「家族」が注目され、中流階級以上で児童教育の関心が高まった社会の風潮に合致して心温まる人情劇へのアレンジが支持されたのである。

別例が『不如帰』と同じ新派劇映画の悲劇的結末をハッピー・エンドに変えて当世風を狙ったアシヤ映画の『琵琶歌』（松本英一　二五年）である。小説『琵琶歌』は被差別部落出身の大倉桃郎を著者として一九〇五年（明治三八）に出版された。部落の娘里野が見初められて部落外に嫁ぐが姑の意向で婚家を追われ精神の病に陥るという哀話であり、差別の犠牲となるヒロインは新派悲劇の定番に加えられ映画化が繰り返された。だが雰囲気の明るい沢蘭子が主演した映画『琵琶歌』は「例を破って目出度し」の結末とした。すでに部落差別撤廃を目指す各地の青年グループは全国水平社を結成して精力的に活動しており、沢主演『琵琶歌』を批評した『キネマ旬報』からは詳らかでないが「目出度し」の結末で二五年という同時代を意識してみせたようだ。そのせいか批評はこの「薄っぺら」な改作部分とミス・キャストを酷評しつつ、際物であろうと目新しさを好む一般観客の「満足」を断言したのである。

活弁上映と大衆コスモポリタニズム

映画女優である栗島すみ子が実際に嫌ったのは映画女形ではなく活動弁士の存在だった。日本の無声映画の上映では、楽士が演奏する音楽と、セリフのないドラマを観客が楽しめるように弁士の解説が必須である。ナレーションとして説明を挿入し、スクリーンに登場する俳優に当ててふさわしいセリフを巧みに聞かせる弁士の話芸は落語・講談と同じく語りの上演芸術に属する。弁士の映像翻訳は担当作品を自身の感性・教養で受けとめたうえで日本語の言語文化の枠に円滑に収め、演出を施した話芸として提供される。だが上映ごとに状況依存的にドラマの解釈を弁士に委ねる慣行は特殊な問題を生んだ。栗島すみ子が語るのは、監督の演出意図を的確に汲んだ彼女たちの演技や撮影によって完成した主演作を、映画館で弁士の自分勝手な解説によって台無しにされた悔しさである。

映画の受容を左右する弁士のパワーに対する腹立ちは、サイレント映画を歴史的に考察する場合に研究者が直面する決定不可能性とも関わっている。活弁上映ではスクリーンの視覚情報は、耳から入る弁士の母語での解説に促されて最終的に文脈化される。弁士のパフォーマンスは説明台本があってもアドリブ挿入可能な生の上演芸術であり毎回完全に同一ではない。フィルムが現存してもかつての上映と受容を綿密に把握することは困難である。弁士の学歴には高等・尋常小学校卒が多かったが、一九二〇年代は絶妙な間の取り方で評価された徳川夢声（とくがわむせい）のような知的芸風の弁士が出現していた。一方、映画製作者の側も検閲を意識しながら文字として現れる説明字幕・セリフ字幕の視覚効果から文章表現まで創意を凝らしていた。サイレント映画の上映は、観客に向けて視聴覚の情報が輻輳（ふくそう）する複雑な性質となっていたのである。

この活弁上映の性質を考慮しながらあえて示唆したいのが、外国映画上映における弁士による差異コントロールと大衆レベルのコスモポリタニズムである。アメリカ映画は二〇年代に世界を席巻して市場にしたが、日本で公開された外国映画はアメリカ映画一辺倒だったわけではない。映画評論家淀川長治（よどがわながはる）（一九〇九～九八）が回顧する神戸の幼少期はフランス・ドイツ・デンマーク・イタリアなど欧米サイレント映画の鮮やかな記憶で彩られている。対照的に、日活と提携し韓国人俳優が出演した朝鮮キネマの劇映画『海の秘曲』（王必烈（ワン・ピルリヨル）＝日本人・高佐貫長の韓国名　二四年）の日本上映などは珍しいケースだった。

興行価値を期待されて輸入された欧米映画がまさに千差万別であることを弁えつつ、弁士の話芸は独自の力を発揮する。身体表現だけで笑わせるコメディ映画も日本人になじみのない宗教的価値観や習俗が重要な意味をもつ映画も担当する。地域差や観客の知的偏差を考慮して提供される弁士の翻訳は、フィルターとして西洋諸文化の間にも存在する微妙で多様な差異を切り詰め、遠く隔たった外国文化が日本の観客に与えうる不可解さや違和感を抑制する。こうした活弁上映は海外の知識が乏しい大衆観客にとって親切でありがたい反面、文化的差異の性質を歪め、あるいは伝えずに省略することで観客の差異に対する感性を鈍化させる。弁士の達者な話術に依存して外国映画を見る大衆観客にとって、遠く離れた欧米の人々と文化が違っても彼らと人情の機微を分かち合うのに何の支障もないと、心地よく錯覚できる普遍主義の快感が提供されたと考えられる。問題なのは、アジアの一等国たる日本の帝国臣民というアイデンティティを持つ観客が見ていたという歴史的条件である。

帝国の民主主義（インペリアル・デモクラシー）の時代の文学・批評には普遍や世界を志向する教養主義、国境を越えた連帯の提唱があった。こうした批評言説には人種・民族・言語という差異を意識しない抽象的・観念的なコスモポリタニズムの傾向が指摘される（浅田彰ほか、一九九五）。この場合、西洋中心の発想であるコスモポリタニズムを受容する日本の文化的価値判断において、規範たる西洋・追いつくべき日本・顧慮するに足らない他者アジアという優劣の階層的位置づけが一般化されていたことを思い起こす必要がある。知識階級の観念的コスモポリタニズムと平行して、スクリーンの欧米社会に顔を向ける大衆観客にも素朴なコスモポリタン・モードが共有されていたのではないか、彼らがすでに内面化する「価値あるもの」の序列意識の反復強化を伴いながら、である。

帝国の無関心

栗島すみ子は弁士のパワーを嫌った。だが彼女の異文化に対する無頓着は、弁士に依存する映画製作、その異文化表象の向き合い方と結びついていた。一九二〇年代の栗島すみ子は異なる文化の女性を演じることに何の抵抗も感慨も示さなかったが、これは日中戦争下の一九四一年（昭和一六）に製作された『上海の月』（成瀬巳喜男（なるせみきお））で中国人女性に扮してセリフに苦労し、上海の中国人と接して文化の差異に戸惑った山田五十鈴のケースとはまさに対照的である。

栗島すみ子の無頓着は上述の近代日本の階層的文化秩序と無縁ではない。圧倒的優位を占めた西洋文化への憧憬を裏返す反応として、戦前の日本劇映画は植民地や中国を表象することにきわめて冷淡であったからだ。これはドキュメンタリー短編映画が沖縄を含めて近代日本が領土化した地域を積極的に対象化したのとは異なる扱いである。ドキュメンタリー映画はもっぱら植民地行政機関や新聞社がスポンサーとなって製作された。その際、日本人撮影者が踏襲したのは、西洋の民族誌的映画が非西洋社会をオリエンタリズムによって見る／知る権力的立場だったと言える。翻って日本の劇映画は、わざわざ近隣アジアをテーマ化してまで大衆観客の関心を惹きつけようとはしなかったのである。

だからこそ一九二五年（大正一四）の栗島すみ子の二作品は貴重だ。日本人男性の献身的な妻となる朝鮮人女性秋蓮に扮した『大地は微笑む』（牛原虚彦）と、日本人男性を愛する薄幸の中国人女性蝶蘭を演じた『豊情歌』（牛原虚彦）である。現存しない両作品から引き出せることを手短に述べておこう。

『大地は微笑む』は朝鮮を描くことに関心の乏しかった戦前日本の劇映画において特殊な位置を占める。一二五年、『朝日新聞』の懸賞小説をもとに映画会社三社が競い、三つの『大地は微笑む』が製作された。興行で勝ったのは主演に美人女優岡田嘉子と新人中野英治を抜擢し溝口健二に監督させた日活版である。栗島すみ子の相手に名優だが四四歳の井上正夫を配した松竹版と人気女優を起用しなかった東亜キネマ版は敗退した。岡田嘉子に負けた栗島すみ子は回顧談で『大地は微笑む』に素っ気ない。だが、朝鮮を舞台に日本人男性と朝鮮人女性の恋愛結婚という設定はこの時にだけ現れた例外的な組み合わせであり（現実には日本で朝鮮人男性と日本人女性が結婚するケースが大多数だった）、当時謳われた「内鮮融和」のスローガンに合わせて出現したものである。時期的には、民族自決思想の国際的浸透を背景にした一九年の三・一独立運動の衝撃が、日本の朝鮮統治をいわゆる文化政治に移行させた数年後である。現存していればこの時期特有のレトリックを伝えるユニークな史料であるかもしれない。

　中国表象に関しては事情がまるで異なる。二〇年代の日本では、上海・天津など租界都市に進出した日本企業の経済的利害と、満洲における日本軍の軍事的関心が意識されていたが、メディアは異国趣味を煽った。北京・上海を探訪した谷崎潤一郎・芥川龍之介ら文壇の支那趣味や村松梢風などの大陸紀行文の人気があり、若い女性の間にチャイナ・ドレスをもてはやす流行があった。こうした風潮に合流した日本のサイレント映画は、共和制に移行した現代中国の変動を認識する意欲を欠いたまま断片的な知識と偏った印象から中国のイメージを作り出した。典型が中国への偏見が問題となり東京で上映されなかった『無銭不戦』（二四年）である。この溝口健二監督作品は、岡本一平の漫画小説を原作として金銭にしか価値を認めぬニヒリストの中国人傭兵を主人公にしていた。

また、アメリカ映画を模倣するための必要からも日本映画は頻繁に「支那」と称する架空空間を創出した。二〇年代前半の映画製作各社は、アメリカ西部劇を移し替えた「支那活劇」の設定に上海や「満蒙の大地」、神戸のチャイナタウンを並べたて、日本人俳優が扮する中国人男性の卑劣漢と正直者、女優に妖婦と素直な娘といった役を振り分け、活字メディアが盛んに言及した馬賊（ばぞく）団や阿片（アヘン）窟に具体的なイメージを与えたようである。

一九年の五・四運動で中国のナショナリズムが国際的に認識されると、アメリカ映画は関心を中国に向け、義和団（ぎわだん）事件を扱った『紅燈祭』（A・カペラーリ）や神秘的なチャイナタウンを舞台にリリアン・ギッシュ主演の『散りゆく花』（D・W・グリフィス）等を製作した。日本で公開されるとやはり追随され、「上海ローマンス」と銘打たれた『豊情歌』が製作された。『散りゆく花』のリリアン・ギッシュと同様に栗島すみ子のヒロインも結末で死ぬ。実は『豊情歌』が製作された二五年、上海では在華紡（ざいかぼう）の工場ストライキが歴史的大事件となった。日本企業は中国での低い労働コストに目をつけて進出したが、そうした在華紡の工場で二月に発生した労働者のストライキが数ヵ月の間に大規模な反日デモへと拡大し、死者を出した（五・三〇事件）。日本政府は居留民と権益の保護を理由に英米と共に軍隊を出動させる顚末となった。『豊情歌』を監督した牛原虚彦は東京帝国大学出身という映画界きってのインテリであり、製作準備に一月に上海を視察してきたばかりだった。だが、彼の関心は現在進行形の上海情勢ではなく「哀愁に満ちた悩ましき上海」を蒲田で即席に創出することにあった（永富映次郎、一九二五）。

つまり、アメリカ映画の模倣に熱心だった日本のサイレント映画は、多民族で構成される帝国を社会空間として構想したり、経済・軍事上の交渉相手である中国・朝鮮という異文化を対象にしながら差異の表象で悩むことはなかった。この集合的反応は映画的テクノロジーの限界や製作者個人の知的関心だけには還元できない。外国映画受容における大衆観客のコスモポリタニズムと並んで、朝鮮・中国を表象対象とする時に作用する帝国日本の権力的位置と文化的判断を考えないわけにはいかない。やがて日本の劇映画の関心は、やはりアメリカ映画に魅了され、モダニズムの表現へとシフトする。日本の映画製作における差異表象は、日本映画がアジアの盟主を自認する国家の威光の下に「大東亜映画」という呼称で他民族を描くようになる四〇年代まで向き合う必要がなかったのである。

社会変容と栗島すみ子の差別化

緩んだ経済と変化する社会

栗島すみ子の無声映画一〇〇本という多産ぶりは、短期間に製作しては自社や系列の常設館で片端から上映するという、計画性を欠いたビジネス慣行を要約するものだ。製作会社（松竹・日活・帝国キネマ・東亜キネマ・マキノなど）は時に小説家の著作権を侵害するトラブルを起こしながらやたらと製作していた。一九二六年（大正一五）から二九年（昭和四）の公開は毎年六〇〇本を超えた。日本経済全般に特徴的だった緩みが映画では過剰生産の形で表出したと言えよう。一九二〇年代の社会は小作農民・労働者の争議、女性の参政権運動、二五年の男子普通選挙法成立で前進した民主主義への志向と政治参加の拡大という政治的ダイナミズムが目立った。

一方、経済情況は不安定で企業利潤率の低下が続いた。国際政治が軍艦不要の平和路線に向かうと、男性労働者が活躍するはずの重工業部門は不振に陥り、日本経済は対米輸出で黄金期を迎えた製糸業など女性労働が担当する軽工業に支えられた。政府が経済危機に積極介入する時代を迎えていたが、赤字なのに株主に配当を出す企業や放漫経営の銀行など金融システムの不健全さが払拭されず施策効果は上がらなかった。日本映画の粗製濫造は締まりのない経済情況と相同的な現象だったのである。

だが、デフレが人々に景気の悪さを感じさせた反面、都市化と結びついた電力産業は例外的に順調に成長した。農村から移り住んだ人々で人口が膨らんだ都会の夜は電灯で明るく、電車網は郊外に向かって延びた。そして生活文化が変容を遂げた。大人気の映画に加え、レコード・ラジオという新しい聴覚メディアが普及し、活字メディアでは講談から小説に読者の支持が移行しただけでなく、児童誌・少年誌・女性誌など次々と多様な雑誌が刊行され読者層が拡大した。

活発化した各種メディアの連携は栗島すみ子のキャリアにおいて確認できる現象であり、松竹の看板女優たる彼女の存在感を誇示する。伊藤大輔脚本に栗島すみ子主演で異例な大ヒットを遂げた映画『船頭小唄』（池田義信　一二三年）は同名流行歌レコードの人気に便乗したものである。二五年に開局した東京放送局（NHKの前身）は栗島すみ子主演映画『大地は微笑む』を早速、彼女出演のラジオドラマに仕立てた。近代社会のリアリティを知的性格として扱う探偵小説が文学の新ジャンルとして台頭すると、これも栗島すみ子主演作となった。映画『チンピラ探偵』（大久保忠素(おおくぼただもと)　二六年）は、日本初の女性探偵キャラクターを登場させて注目された久山秀子（実は男性作家）の小説を原作としていた。

西洋化された生活スタイルが紹介されたのも二〇年代である。自宅では和服で通す男性が電車通勤で会社に向かうサラリーマンとして背広姿となるのが一般化した。かつては自家製だった味噌・醤油が機械生産され、化粧品やパン・洋菓子という新しい需要が販売網の開拓拡大を促して流通経済を様変わりさせた。ただし階級的偏差は大きく、新しい生活文化の担い手は都市の中流階級だった。ラジオや蓄音機は、都市の中流階級の家庭――子供が小学館の学習雑誌を読み、夫がビールを嗜み、妻が立ち働き向き台所で洋食メニューに挑戦する――に備えられても、貧弱な長屋住まいの労働者の手には届かなかった。

労働力市場の二重構造はこの時期に形成された。重化学工業部門を始め巨大資本の企業は男性熟練労働者を確保し、組合結成やストライキを叫ぶ労働運動から引き離すために年功賃金・終身雇用制を導入し、大企業と中小企業の経済格差を鮮明にした。こうした制度は、女性労働に独立の生計が厳しい低賃金や性差別給与を固定化することと連結して、男性を一家の稼ぎ頭とする家父長制的生産体制を確立した。この構造の下、尋常・高等小学校卒以上の学歴をもたない大半の女性は拡大した事務系職種から女中・女給を含むサービス業部門に至るさまざまな職に就き、低い収入をやりくりして生活することになった。

これらと平行して、二〇年代を鮮烈に特徴づけた二つの現象は未曽有の経済危機のタイミングに結合した。モダン・ガールの台頭と左翼思想の拡がりのカップリングはスクリーンでユニークな威力を発揮した。栗島すみ子の仕事から見てみよう。

モダン・ガール的変容

栗島すみ子のスター・アウラに変容を迫ったのは、関東大震災後の復興を通じて近代的都市へと変貌する社会、とりわけ断髪にドレス姿で銀座を闊歩するモダン・ガールの出現である。二〇世紀におけるモダン・ガールの台頭は各国の社会を攪乱し、日本のジャーナリズムもモガの脅威を大いに取り沙汰した。自分の意思で行動し従来のジェンダー規範に挑戦するかに見えたモガには実態とは別の次元で、巨大化する資本主義がもたらす社会変動に対する人々の深刻な不安や政治的関心が転移されたのである。

アメリカ映画に近代性の視覚化を認めた日本映画では、模倣の一環として和製モダン・

ガールの創造を模索し始めた。栗島すみ子はいよいよ新派劇映画の世界から離脱した。かつて妖精のように儚い風情の娘役で愛された栗島すみ子は、法秩序を越境する破天荒なお転婆モガに挑戦する。奇を衒った犯罪コメディ『麻雀』（大久保忠素　二五年）で女賊マージャンとしてボーイッシュな姿でオートバイを走らせ、前述の『チンピラ探偵』で粋な和服から洋装美人に変身するスリの隼お秀に扮して男爵殺人事件を解決したのである。

図2　『麻雀』でくわえタバコの栗島すみ子

この間、売り出し中の映画女優らは髪型・化粧・衣装で和洋のイメージを競ったが、モガ女優として注目されたのは、断髪が似合う龍田静枝、イギリス人の祖父をもち日本人離れした容貌の柏美枝、ナンセンス喜劇や不良娘役で個性を出した豊満な伊達里子らである。現存作品が乏しくゴシップ多き彼女たちが印象づけたのは谷崎潤一郎の小説『痴人の愛』（二四年）の主人公ナオミ的属性と言うべき、西洋白人女性的外見、忍従を強調するジェンダー規範を軽々と逸脱する奔放なキャラクターだったろう。

栗島すみ子のモガ的変容は洋装での登場よりも、一九二〇年代後半の主演映画の原作に菊池寛の小説『受難華』『真珠夫人』『明眸禍』を採用したことに表れているだろう。教育を受けた大衆を読者にしたと評される菊池寛は、雑誌『文藝春秋』の刊行を始め大衆文化をリードしていた。松竹が読者一〇〇万人と言われる『真珠夫人』の絶大な人気に便乗した時、栗島すみ子演じる女性キャラクターは知性化されたブルジョワ女性として近代化された。『真珠夫人』の瑠璃子は矛盾を内包した帝国の民主主義（インペリアル・デモクラシー）時代のヒロインである。この華族令嬢は美貌と才気を武器に彼女を金の力で縛った夫に報復し、男性優位の道徳を批判する。情況に応じて処女性・娼婦性・母性を表出させる瑠璃子の性格は複合的だが、自己決定権のない浪子とも非知性的なナオミとも異なり意志的で自律的である。映画『真珠夫人』（池田義信　二七年）は栗島すみ子のスター・アウラに現代女性を象徴する自律性を加え、それは保持されたと思われる。

経済社会との連鎖

洋服着用は単に美意識の表現ではなく自分の意思で生きる「新しい女」の宣言とみなされたが、瑠璃子のようなブルジョワ女性の専売特許ではない。むしろバス・ガール（車掌）やショップ・ガール（店員）などの職種で洋服が制服に採用され、働く彼女たちの姿が産業社会の構成員である女性の存在を際立たせた。彼女たちはモダン・ガールと呼ばれても下層中流以下の出身が多く、令嬢瑠璃子や不良娘ナオミとは経済条件によって分断される。だからと言って彼女たちが階級差を嘆いたわけではないだろう。当時の勤労者意識には自分たちが置かれた境遇の貧しさを自覚しても政治化する傾向はなく、むしろ都会の中流階級の生活スタイルを手頃な目標に個々に向上をめざす未来志向が指摘されている（季武嘉也、二〇〇四）。

この点について示唆に富むのが、売り出し中だったモガ女優龍田静枝主演作である。一九二五年（大正一四）の喜劇映画『虚栄は地獄』は新聞に載った実際の事件を下敷きにしたと言われ、秘書のはずの妻が実はバス・ガールなら、丸ビルに通うサラリーマンの夫が靴磨きという、互いの嘘がばれて起こる騒動を描く。東京各地のロケ撮影を織り込んで同時代性を示しながら、格好良いホワイト・カラーのモダン・ガール、モダン・ボーイに憧れる若い労働者男女の見栄張りを明るく笑いのめす。『虚栄は地獄』は労働力市場の二重構造化を背景に、内田吐夢（うちだとむ）監督の素朴な階級認識が看取できるものの、大衆観客に向けて主人公男女の現実と理想のギャップを社会的不均衡の問題として呈示していない。龍田静枝扮する妻・夏子は健康的で元気一杯、夫・春夫のズッコケ自殺騒動を通して若夫婦の人生への旺盛な意欲が強調される。

このように「従来比較的穏健無難であった『フィルム』の内容が一変し」たと検閲が断言したのが一九二九年（昭和四）というターニング・ポイントである。この年、繁栄を謳歌したアメリカのバブルがはじけると、生糸の暴落が脆弱な日本経済を下支えしてきた製糸業に大打撃を与え、日本社会はいよいよ未曽有の不況と失業にさらされた。それゆえ検閲は「社会不安を醸成する映画」を警戒するようになったのである。実際に、時代劇に『日光の円蔵』（古海卓二）・現代劇に『都会交響楽』（溝口健二）など既存の「諸制度を呪い社会主義社会の実現」を宣伝する映画が出現した（内務省警保局、一九三〇）。六〇〇本を超える公開数の二〜三％に過ぎない少数派映画が大衆観客の強い支持を得たことは検閲と映画製作全体を大きく揺るがせた。

けれども映画史研究が確認する通り、こうした左翼的傾向をもつ映画の製作者たちはマルクス主義にコミットしていたわけではない。むしろこの時点で彼らが「今」を特徴づける条件――経済危機による閉塞感と先端的流行としての左翼思想の拡がり――を明敏に把握し、階級対立という認識を効果的に俗化・単純化してスクリーンで表現し得たことを意味する。こうした映画群は「傾向映画」と呼ばれ、三〇年の大ヒット作となった現代劇映画『何が彼女をそうさせたか』（鈴木重吉　帝キネ）をピークに不況と失業で鬱屈した人々に心理的捌け口を提供して人気を博した。『何が彼女をそうさせたか』が近年復元されたおかげで、傾向映画に典型的なレトリック——孤児であるヒロインが女中奉公する資産家の傲り高ぶる生活や慈善・救済を掲げる機関・制度の欺瞞を醜悪な現実として暴露する——が確認することができる。

二九年には『都会交響楽』の現存するスティルが示すように、華美な洋装のモガは既存の体制に寄生するブルジョワ的退廃を体現する階級的記号にされた。左翼的観点からの否定的な表象である。二九年は同時に、検閲が映画において目立つようになったエロティックな刺激に性道徳の低下を懸念した年でもある。栗島すみ子主演映画で確認される徴候としては、三〇年にモガ女優龍田静枝や伊達里子が『女心を乱すまじ』（池田義信）・『麗人』（島津保次郎）で脇役に回って男好きな計算高い女性に扮して善女ヒロインから恋人を奪い、あるいはヒロインを性的危機に陥れた。かつて二四年に銀座の通りに出現したモダン・ガールが既存の秩序に向けた反逆性どころではない。スクリーン・モガは不良娘として左翼的観点からも貞淑さを強調する保守的な価値観からも否定される属性を付与されたのである。左翼への警戒と性道徳の維持を図る検閲にとって喜ばしいものではない。

けれども、現存する『七つの海』（清水宏〈しみずひろし〉 三一・二年）が示すように、ファッショナブルなモガはいかなる価値観で否定されようとも視覚的快楽としてスクリーンで威力を発揮したことは間違いない。川崎弘子が演じたヒロイン弓枝の豪華で贅沢なモガは強烈である。タイピストとして慎ましい勤労モガの弓枝は、卑劣なやり方で結婚を強要した資産家の夫への復讐に、宝石・毛皮と際限なく浪費する鼻持ちならない悪妻と化す。弓枝は空虚な生活を離婚によって脱出することで免罪されハッピー・エンドを迎える。だが画面を制するのは、弓枝が享受する財力を一目で証明できる華麗なモガ・ファッションである。

階級を縦断する挑戦

この間、栗島すみ子は社会情況と共に変身した。堅気娘から水商売の年増女まで役柄を拡充したのである。瑠璃子のような有閑ブルジョワ女性から、職業婦人を代表する新聞記者、コート姿に鳥打ち帽で性別不詳のルンペンに至るまで目まぐるしく役柄を拡げる路線には明らかに、左翼思想の台頭で意識されるようになった経済的リアリティへの配慮がある。モガ女優と違い、ダンスが苦手で洋服が似合わない彼女は、着こなしで定評のある和服で同時代女性に扮することが多かった。これは不況による閉塞感と左翼思想への共感が広がるなかで、栗島すみ子の役柄における階級横断的な挑戦をむしろ有利にした。階級的指標として衣装を効果的に利用できたのである。

栗島すみ子は高価なドレスでゴルフを嗜むブルジョワ令嬢、質素な洋服でショップ・ガール、和服では着物の質感と着こなしで奥様・敏腕記者・下町の髪結い・カフェーの女給・芸者・娼婦を演じ分け、さらに同一人物の空間・機会に応じた衣服の使い分けを示した。

ヒロインの人物造型は、活字資料や写真からは一概に古いとも新しいとも分類できないほど、処女性・母性を強調する家父長制下ジェンダー規範の遵守度・逸脱度が一人一人かなり錯綜している。過去の恋愛で婚外子出産の秘密をもつ奥様、愛児を思いつつ漂泊する女給など、さまざまなヒロインの自己認識や対人関係の表象を通して、「モダーン」と形容されずとも同時代を生きる女性の多様性を提供したと思われる。あえて換言すれば、栗島すみ子演じる多様なヒロインは、社会的位置に応じて外見に現れる美意識と階層的特徴において、さらに近代的主体としての内面心理の表象とその限界において、近代性の拡がりが均しく一様に進むものではないことを体現したのだ。

時代劇に出ない女優

栗島すみ子は時代劇映画には出なかった女優である。これは当初から選び取られた方針ではないが、結果的に日本映画の主流を代表する女優として、現代劇の女優として、近代を是認しない形象性をもつ時代劇女優らと差別化する効果をもった。

時代劇映画は歌舞伎と密接に結びついて確立された日本映画固有のジャンルである。製作数が現代劇を圧倒しただけではない。伊藤大輔監督の出現で革新化された時代劇は、一九二〇年代末に反体制の浪人ヒーローや一揆に立ち上がる農民を描く『斬人斬馬劔（ざんじんざんばけん）』（一九二九年）など傾向時代劇映画群を送り出し、それらは戦前の日本映画において最も先鋭的な体制批判を視覚化した。大衆観客が抱く強い不満を汲み取ってスクリーン・ヒーローの義憤として炸裂させたのである。とりわけ時代劇映画は虚構の過去を設定することで労働者の国際連帯（インターナショナリズム）という現代的水平志向をもたない代わりに、荒唐無稽な演出が許容されるチャンバラ世界として現代社会を大胆に寓話化できた。伊藤ら既成の映画人は、共産党の文化活動の一環として発足した日本プロレタリア映画同盟（プロキノ）に好意的関心を向けたが、自前のカメラさえ持てないアマチュア青年によるプロキノは官憲に睨まれ製作・上映の困難が大きく大衆啓蒙の目的を果たせなかった。結局、劇映画として卓越した娯楽性を発揮した傾向時代劇が不況で鬱屈した観客から共感を勝ち得たのである。

けれども、マルクス主義がことさら女性解放を目指さなかったように、革新化された時代劇映画が大河内伝次郎（おおこうちでんじろう）ら男性スターを中心にするジェンダー秩序を廃棄したわけではない。鉄火肌の女賊・淫蕩な毒婦・肝の据わった女房など定型的女性イメージは効果的に再生産された。反近代の時代劇ヒーローと並んだのは、識字に苦労した姉御伏見直江（日活）・女中から女優に転じた伝法な原駒子（東亜）・芸能界を遍歴した妖婦鈴木澄子（マキノ）・芸者と妾を経験した姐(あね)さん酒井米子（日活）らである。現代劇に対する時代劇ジャンルの優勢にもかかわらず、進歩発展を掲げる近代社会の基調からはみ出す彼女たち妖婦(ヴァンプ)女優のスター性は周縁的である。その刺激はスマートな先進性を誇りたい近代社会が併せ持ついびつな側面、貧困の闇と因習の残滓(ざんし)を想起させずにはおかない。

図３『女は何処へ行く』の栗島すみ子と高田稔

栗島すみ子は彼女たち時代劇女優らと競合しうる汚れ役を数多くこなした。だが既存の社会秩序を攪乱する危険のない善女として表象された。たとえば『女は何処へ行く』（池田義信　三〇年）のプロットから窺われる娼婦お銀は、愛する男性（高田稔）が純潔な娘と結ばれるように身をひく。日本映画に指摘される「恋譲り」パターンを踏襲しており、体制を揺るがす過激な反逆精神はない。城戸四郎所長の下の松竹現代劇は、市民生活のモデルとして中流階級が台頭する社会的推移に同調する「松竹モダニズム」を標榜していた。当然ながら看板女優の主演作に用いるレトリックは、困窮女性を娼婦に堕す社会の告発ではなく、男性中心主義や良妻賢母といった日本の資本主義体制を支える諸々の価値観と折り合うものでなければならなかったのである。

ルンペン新子へ

この松竹がスター栗島すみ子にそれまでにない珍しい役どころとしてルンペンを演じさせたのが、一九三一年（昭和六）の『街の浮浪者』（池田義信）である。夜の新宿の雑踏でロケを敢行した異色作だが大作ではない。この作品に注意を払うのは傾向映画の強烈なインパクトを栗島すみ子のキャリアに確認できるからである。前年三〇年、『麗人』の島津保次郎監督は傾向映画に刺激され、現実の小作争議を連想させる戦闘的な農民合議の場面を挿入したが、栗島すみ子演じるヒロイン鞆子（ともこ）とはあくまで無関係な部分だった。だが『街の浮浪者』はテーマを失業問題に据え、栗島すみ子が扮するヒロイン新子は花も体も売り美人局（つつもたせ）も辞さない底辺の女である。この年の松竹は、傾向映画で稼ぐ他社に同調してプロレタリア作家細田民樹の小説『真理の春』『生活線ＡＢＣ』を映画化したうえに『街の浮浪者』を加えた。原作の小説『街のルンペン』

を著した下村千秋は失業者や飢餓で苦しむ東北農民の実相を世に知らせる著述で知られたが、プロレタリア文学とは一線を画した作家である。宣伝のスティルに栗島すみ子の名で出された惹句が示す通り、映画『街の浮浪者』は社会批判ではなく不運な人々への「同情」を請う体裁を取る。

「この映画『街のルンペン』は単に映画劇として見て頂くのではなくルンペンの人々の尊い生活の断層として、又記録として皆様に見ていただきたいのです。皆様とはかけ離れた生活かもしれませんけれど、私どもは対岸の火事のように無責任な気持ちではいられません。惨めな人々として、心からの同情をして上げねばならないと思います。栗島すみ子」（雑誌『蒲田』三二年六月号）

図４　『街の浮浪者』の栗島すみ子

このように『街の浮浪者』が慰撫しようとした社会不安を、左翼への共感ごと一気に吹き飛ばしたのが、九月の満洲事変の勃発である。中国大陸で始まった局地戦争は人々の心をつかみ、さらに軍需が経済回復の契機をもたらすこととなった。松竹は三二年の年明け早々『デパートの姫君』を公開する。栗島すみ子はそそくさと、堅実な結婚願望を抱くデパート・ガール節子へと変貌し、来るべきモダン・ライフ隆盛時代を予告したのである。

日の丸からモダン・ライフへ

満洲事変後の社会と映画

田中絹代と荒木貞夫

本章は満洲事変後の社会と映画をこの頃活躍した二人に注目しながら考察してみよう。一人は田中絹代(たなかきぬよ)、もう一人は荒木貞夫(あらきさだお)陸相である。

一九三二年（昭和七）、三三年と『キネマ旬報』新年号に松竹の看板女優として全面広告の「年賀状」を掲載したのは栗島すみ子である。だが輝いていたのは後輩の方だ。二四年にデビューした田中絹代（一九〇九～七七）は一九二〇年代末からの人気と実力が認められ、三三年、松竹「大幹部待遇」に昇格した。女学生・旅芸人・不良娘など目まぐるしく役柄を演じ分けて主演を重ね、やがて迎えた戦争の時代をスクリーン・ヒロインとして国民と共に戦い抜いた。栗島すみ子が日中戦争の先行き不透明な時点で映画から去ったのと対照的に、田中絹代が伝説的ヒット作『愛染かつら』で国民的人気を獲得したのは長引く戦争が「平和の長期建設」と呼び換えられた頃である。戦中戦後、映画芸術の古典とされる傑作を含め現存する多くの作品に主演したことで田中絹代はいつまでも観客を瞠目させる不滅の映画女優となったのである。

同じ三三年に昇進を遂げたもう一人が現職の陸軍大臣荒木貞夫（一八七七～一九六六）である。一〇月に陸軍大将へと文字通り昇進した。陸軍の派閥・皇道派を代表して新聞・雑誌・ラジオなどメディアに頻繁に登場して「非常時男」の異名をはせ、日本精神主義を唱えて日本軍を「皇軍」と呼び変えさせた人物である。この頃、荒木は海外でも注目され、松竹には彼の突出した知名度にあやかって「荒木貞子」と改名した大部屋女優がいたほどだ。

アイドル田中絹代と陸軍大臣荒木貞夫は満洲事変後の社会と映画が新しい方向に動き始めた時期に目立って活躍した。念のため、スクリーンの田中絹代が多くの観客を魅了した一方、荒木陸相の映画演説は受けなかったことを述べておこう。事変を熱狂的に支持した人々の関心はモダン・ライフに移り、日常を恒久的に「非常時」化したがる陸相の演説は歓迎されなかったのである。だが同時に、三三年の社会空間から共産党が強制退場させられたこと、そして帝国議会において映画を国家目的に資するための議論が始まっていたことを忘れてはならない。

ナショナリズムの昂揚

満洲事変は歴史の転換点となった。日本は満洲事変を経て翌一九三二年（昭和七）に傀儡(かいらい)国家満洲国を建てるが国際的承認を得るのに失敗して国際連盟を脱退し、この孤立から戦争に向かうコースをたどるからである。平行して国内事情も大きく変わった。満洲事変の勃発は人々にそれまでの長期不況による閉塞感を忘れさせた。人々は左翼が唱道する階級意識をもつ労働者の国際連帯どころか、臣民として「皇軍」が体現する日本の国威に一体化し、軍部の予想を上回る支持を日本軍に寄せた。

大衆心理に敏感な日本映画がとった方針は明白だった。新聞・雑誌から演劇・講談まで事変フィーバーを煽るあらゆるメディアの仲間入りをしたのである。人々の関心が高い間に儲けを狙う商売根性から映画会社は事変映画を矢継ぎ早に製作した。一方、それまで傾向映画が示した左翼的社会批判の熱いアプローチから、『街の浮浪者』が示したと思われる微温的に人道主義的介入を促すスタンスまで満洲事変以前に表現しえた政治的アピールは放棄されることとなった。

さらに三二年、戦火が飛び移った上海事変でヒーローが生まれると国民は熱狂した。「肉弾三勇士」の決死行や「空閑少佐」の自決は、荒木貞夫陸相のゴー・サインを経たうえでメディアによって大々的に流布され、続々と映画化された。また三二年は明治天皇の「軍人勅諭」下賜から五〇年目に当たり、軍人軍事にかこつける映画の粗製濫造はやまなかった。翌三三年の年明けに公開された松竹映画『琵琶歌』（野村芳亭）までヒロインの兄の出征にかこつけて「事変映画」として売り出された。この『琵琶歌』の特徴は、ヒロインを苦しめる原因を原作の部落差別から法治的な近代市民社会における不名誉という烙印、すなわち犯罪者として獄死した父をもつ娘への差別に変更した点にある。松竹は国民―臣民としての規範的行動を意識する観点を採用しながらアップデートを図ったのである。

エロ・グロ・ナンセンス快調

二つの事変は全国の世相を戦争一辺倒にしたわけではなかった。自粛どころか大阪道頓堀のカフェーは大繁盛を続け、大衆娯楽のメッカ浅草は一九三二年（昭和七）の正月を迎えて前年を上回る活況を呈した。賑わう映画館は満洲や軍事にかこつけた映画に独占されることはなく、栗島すみ子の『デパートの姫君』等の現代劇やチャンバラ時代劇など他ジャンルの映画が変わらずに公開されたのである。

享楽と性的関心に耽溺する風潮としてのエロ・グロ・ナンセンスはすこぶる健在だった。当時、自殺だけでなく生活苦による親子心中が多発しており母子の苦境を描く映画の製作につながったが、何と言っても格好の映画ネタは戸主たる親の権限に阻まれて婚姻が叶わない恋人たちの心中だった。三二年に起きた坂田山心中が新聞に「天国に結ぶ恋」と騒ぎ立てられると、映画は活字メディアのセンセーショナリズムに乗じた。松竹、河合映画が競って事件を映画化し、いずれも若い観客を惹きつけた。映画による煽動効果を懸念した内務省は各撮影所に心中事件の映画化を中止するよう非公式に通達したほどである。

戦争映画のなかにナンセンス・コメディが含まれたことも見逃せない。典型的な『戦争と与太者』は間抜けで頼りない男性三人組が主演した人気喜劇シリーズの一作であり、松竹の野村浩将監督が『輝け日本の女性』の撮影直前に手がけた。『キネマ旬報』によれば『戦争と与太者』はズッコケ日本人男性トリオが無能臆病に描かれた支那軍を攪乱する「出鱈目な面白さ」が特色である。どうやら『戦争と与太者』は、日清戦争以来、日本に根を張った侮蔑的中国観を前提にしながら活字メディアで荒木陸相が表明していた日本軍の優越を脳天気に裏打ちしたようである。

この頃の風潮を不穏さから見直させるのがチャップリン訪日と五・一五事件（海軍青年将校らによる犬養毅首相の暗殺）の意外な関連だろう。日本でもファンの多い喜劇王は至る所で大歓迎を受けたが、テロリストらは彼の暗殺も目論んでいた。要は、それを想像もしないでチャップリンを歓迎した人々にとってテロが必ずしも反社会的行為を意味しなかった点にある。二・三月の血盟団事件（元蔵相井上準之助と三井財閥を代表した団琢磨の暗殺）は右翼による国家改造の凶行として政財界を動揺させ、続く五・一五事件は議会政治を支える政党にダメージを与えた。だが市民感情には恐慌を深刻化させながら富の偏在を許す政治に対する不信があり、事件の裁判が進むにつれ政治家・財閥の誅殺を主張したテロリストのために助命嘆願が多く寄せられた。エロ・グロ・ナンセンス快調と政治不信は同時代の徴候だったのである。

女性向けタバコ「麗」

戦争と女性をつなぐ働きかけもあった。一九三二年（昭和七）、白い割烹着姿で出征兵士を見送るのを特色とする国防婦人会が大阪在住の安田せいの呼びかけで発足した。陸軍と結んだ国防婦人会は関東本部長に荒木陸相夫人を担ぎ組織を拡大した。

ただし、ここで注目するのはもう一つの動きである。大蔵省専売局が国民的嗜好品・タバコで試みた増収戦略である。イメージ的にモガに結びつけられるタバコはもともと戦争と縁が深く、日露戦争の戦費調達に資する目的で国の専売事業とされたものだ。三二年、大蔵省専売局は女性を増収戦略のターゲットに据えた。廃娼運動で知られる女性団体・矯風会や教育関係者からの抗議を押し切って発売されたのが女性向け口付タバコ「麗（うらら）」である。流行作家久米正雄が命名した「麗」は洋画家和田三造がデザインした赤地に花模様のパッケージで一箱一〇本二〇銭、一般銘柄「敷島（しきしま）」の五倍に相当した。つまり専売局の官僚が想定した購買層は未婚既婚を問わず富裕層の女性だった。高価な「麗」は映画を含むメディアが構築したイメージ通りの贅沢華美なモガに向けて提供されたと考えてよいだろう。現実には「麗」を購買する女性層は形成されず、販売不振で製造は翌年中止された。

専売局の誤算は都市型消費文化の拡大を期待した上でメディアに構築された喫煙するモガ像を現実と誤認したことに起因するだろう。だが注意を払いたいのはそうした期待がのちの総力戦下の軍需優先の思考様式とはかけ離れているということである。男性を戦地に送り出した日中戦争下では女性には銃後の守りというジェンダー化された役割と規範的行動が強調された。一九三〇年代を通じてスクリーンには、和装・洋装を問わず多様な女性たちがキャラクターに応じて喫煙する姿が現れたが、そうした女性の喫煙場面は検閲に不適切とみなされ、四〇年になると禁止されてしまうのである。

翻って三二年の日本社会をみれば官民とも総力戦体制にはほど遠かったのである。日本国民の精神的土壌に国威への一体感が根をおろしていることは事変への反応で確認された。けれども遠い中国大陸への出兵は早晩片づく地域紛争と思われ、戦地に兵士として肉親を送り出した家族は別として、一般国民の熱心な戦争支援にはあくまで傍観者としての気楽さがあったと言われる。それはオリンピックで日本選手団を応援する心情と近いものだったろう。

田中絹代の日の丸

二つの事変でナショナリズムが高揚した直後に、ロサンジェルス・オリンピックは巡ってきた。この五輪への官民の期待は大きく、為替暴落の悪条件にもかかわらず過去最大の選手団一三一人が大衆の歓呼で送り出された。オリンピックへの関心を当て込んで松竹が製作したのが『輝け日本の女性』である。スティルでは水着姿の田中絹代と水久保澄子(みずくぼすみこ)の胸にひときわ日の丸が目立つ。女優たちがあまりに華奢で到底スポーツ選手の体軀でなくても、ストーリーがどんなにご都合主義であっても構わずに松竹は五輪開催中に劇場公開した。

『輝け日本の女性』はしんみり「真面目くさった」と評された。フィルムが現存しない

図5　『輝け日本の女性』田中絹代（左）と水久保澄子

図6　旅立つ選手団（中央が田中絹代）

ので『キネマ旬報』の記事から推測すると、熱血のスポーツ根性ドラマではなく人気の高かった吉屋信子の少女小説を思わせる女学生の友情物語だ。競泳で知られる名古屋の女学校でしげ子（田中絹代）はみどり（水久保澄子）と共にオリンピックを目指し特訓中である。父の病気で家計が窮したしげ子は学校に無断で働くが、事情を知った級友と校長の配慮がありトレーニングに復帰する。だが選考予選の日に父の訃報を受けたしげ子は卒倒し、看護したみどりも疲労のあまり決勝をしくじってしまう。それでも日頃の実力が考慮され、最終的に二人は日本代表としてロサンジェルスへと旅立つ。

この映画の原作・脚本を担当したのは水島あやめ（一九〇三〜九〇）である。城戸所長の意向で松竹に所属した唯一の女性脚本家だが、もっぱら「私」の家族関係に限定されたドラマを書いた。この女性シナリオ・ライターが際物と呼ばれながらもオリンピックという国威発揚の公的空間を意識した作品を提供した点は注目に値する。そもそもスポーツに打ち込む女学生という設定自体、中等教育である女学校進学が中流以上の社会階層で一般化した新時代の所産にほかならない。さらに田中絹代の水着に誇示される日の丸には日本女性が男性と何ら変わらず国威に一体化する真摯な国民であることを強調するトーンがある。日本女子大学卒の水島あやめは『輝け日本の女性』を、近代高等教育を受けた女性の抱く国家認識を表明する機会にしたと言えそうだ。

『輝け日本の女性』は高い評価を受けなかったが、人一倍小柄ながら競泳選手を熱演した二二歳の田中絹代は観客から感傷を得るには成功したようだ。この当たり障りのなさそうな作品を『琵琶歌』と並べて「一連の国粋主義・排外主義的作品」として真正面から否定したのがプロキノである（上野耕三、一九三二）。この頃、プロキノの活動は逆風に曝されていた。満洲事変による排外的ナショナリズムが国民感情を支配し、せっかく三〇年を中心に傾向映画が盛り上げ、プロキノが煽った体制批判の熱気を吹き冷まして国際連帯のスローガンを無効にしたからだ。プロキノによる映画評はいささか大仰に見える。だが労働者層にも多くのファンをもつアイドル田中絹代が扮するヒロイン像の大きな変化を社会的文脈に据えれば、あながち的はずれではない。田中絹代は前年、プロレタリア文学の作家・細田民樹の代表作を映画化した『生活線ABC』で工場労働者の争議を応援する藤枝を演じたばかりだった。その彼女が『輝け日本の女性』では日の丸をつけたオリンピック選手として愛国心を鼓舞し民族のプライドをくすぐる。水島あやめがしげ子に体現させようとしたナショナリズムは時間軸において二つの事変に対する国民の絶対支持の延長線上にあり、プロキノの否定的反応はしごく当然だったろう。

共産党の強制退場

一九三三年（昭和八）は政治的・社会的・文化的に大きなシフトの年となった。日本は国際連盟脱退で国際的に孤立したが、それでも二つの事変に関しては停戦協定でひとまず片をつけた。しかし荒木陸相のマスコミ露出は継続し、国民に非常時を強調するため大がかりなデモンストレーション・関東防空大演習が行われた。この演習が制空権を失った戦局を想定する点を揶揄した信濃毎日新聞の記者桐生悠々は陸軍に睨まれて辞職を強いられた。事変後の市民感情には反軍的感情があったことも指摘されるが、軍の影響力は着実に強まる傾向にあった。

国内では共産主義勢力が一掃された。三二年、日本共産党に革命運動の司令塔たるコミンテルンから天皇制との対決を指示するテーゼが伝達された。これを受けてプロキノを含むプロレタリア文化運動が新たな実践を目指した矢先、日本の公権力は共産主義の活動を潰滅させたのである。逮捕された党指導者二人の「転向」声明ののちに党員の大量転向が続き、日本共産党は瓦解した。ジャーナリスト大宅壮一（おおやそういち）らを含むシンパの広範な検挙も続いた。共産主義に無縁な京大教授滝川幸辰（たきがわゆきとき）に嫌疑が及び休職処分を受けて事件化したのもこの年である。こうして、文壇で圧倒的勢力を誇示したプロレタリア文学から、映画の製作より批評で気炎をあげたプロキノに至るまで共産主義文化運動の全般が弾圧された。やがてマスメディアにおける俗流マルクス主義の言辞まで下火となり、映画領域では傾向映画が過去のジャンルとなった。

すでに新聞・雑誌の活字メディアは警察の発表を介して共産党員による凶悪犯罪（三二年一〇月の川崎第百銀行大森支店強盗事件）を喧伝（けんでん）していた。共産党内の女性問題（幹部が女性を性的に搾取したハウス・キーパー制）がすっぱ抜かれると、保守的な女性評論家らは

図７　『警察官』広告の小杉勇

こぞって嫌悪を表明した。「アカ」の犯罪性・不道徳を暴く報道は、内務省の期待通りに一般市民と共産主義者を分断するのに貢献した。

映画『警察官』の反動

内務省が広めた言説によれば、共産主義にかぶれる「赤化」が青少年の非行化を招く。この言説に忠実に作られた映画に触れておこう。一九三三年（昭和八）一一月末に公開された『警察官』である。『警察官』は松竹系列・新興キネマの製作だが、監督・主演俳優らが共に日活で活躍したキャリアからむしろ男性スターを中心にダイナミックなドラマを提供した日活現代劇の作風を伝えて貴重な一作と言われる。前年の大森の銀行強盗を下敷きに共産党員の連絡の様子・刑事の張り込みといった犯罪サスペンスの見せ場をふんだんにもつ。無声だが、撮影には内務省の肝いりで警察署内の撮影など全面的支援が与えられた。かつて喜劇『虚栄は地獄』や傾向映画を撮った内田吐夢監督が今度は、警察を正義と秩序の組織、警察官を市民社会の守り手として印象づける。人々の平和を守るために戦うヒーローはずんぐりした体軀の小杉勇（こすぎいさむ）扮する伊丹巡査である。貧しさゆえに高等教育の機会を得られず警官となった伊丹は温厚な人情家だが職務に忠実である。伊丹は強盗殺人事件の捜査途上で学生時代の親友富岡（中野英治）の犯行と知り苦悩する。知的で繊細な富岡こそ内務省が喧伝した不良化言説を体現する赤化したブルジョワ青年である。富岡は卑劣でも残忍でもなく、ただ誤った思想のために人生を棒に振った典型として描かれ、正義の人・伊丹の前に崩れる。この図式の採用によって、颯爽たる娯楽映画『警察官』は内務省のＰＲに一役買ったのである。

『非常時日本』の早すぎたモガ批判

この『警察官』よりも早く左翼失墜を知らしめたのが、異色の演説映画『非常時日本』である。一九三三年（昭和八）はドキュメンタリー映像を再編集して作られた編集映画の当たり年と言われ、『非常時日本』もその一作だが、目玉は主演が荒木陸相である点だ。スタジオに現れた荒木陸相が国家非常時の認識を語り始めると、関連するドキュメンタリー映像（事変のニュース・リールの使い回し・その他の映像）が流れ、また劇映画パート（新興キネマの俳優陣が出演）が挿入されて進行する。意気込んで企画した大阪毎日新聞社は発声（トーキー）技術の登場で高ま

図８　『非常時日本』広告の荒木貞夫陸相

った映画の啓蒙能力に着目していた。主要映画会社が無声で映画製作を継続していた時期に新聞メディアが進んで「オール・トーキー全一二巻」と銘打ち、現役陸相を担ぎ出したのである。そのため陸海軍の全面支援を得た『非常時日本』はトーキーのおかげでまさしく荒木貞夫の演説映画となったが、彼の雑駁な国防構想、神話を歴史と言い張る知性を露呈することとなった。

『非常時日本』は戦後、日本陸軍のプロパガンダ映画として極東国際軍事裁判の法廷で映写されたが、裁判官らを当惑させただろう。三三年の日本人観客からも共感を得るのに失敗したプロパガンダである。だがこの失敗がこの年の情況を要約するのだ。『非常時日本』は三三年という時点で日本共産党がもはや帝国の脅威ではないという認識を奇妙に軽いトーンで鮮明にする。荒木陸相はソ連の軍事力を警戒する立場にあったが、その彼が今や帝国の敵として指弾したのは「欧米に心酔」

した日本人の精神的退廃である。『非常時日本』は消費的な都市の大衆文化をモガに同定し否定する。この認識を端的に示す第六リールでは、荒木陸相の声に合わせて観客で賑わう映画街とアメリカ映画『モロッコ』のポスターが示される。続いて「謬見にとらわれ」た共産党員の検挙を告げる顔写真入りの新聞記事が現れるが、あっという間に消える。次いで目を惹くのは美しく着飾ったモガが喫茶店で男性と同席するショットである。この美女がやがてパフで化粧直しを始め、カメラに向かってウインクする。世間の浮わついた風潮を非難する陸相の演説映画それ自体が軽佻なトーンを共有しているのだ。

『非常時日本』では「モダーン」の表象はジェンダー化され、戦時において有意義とみなされる近代的要素の取捨選択と重なり合う。一方には近代日本のパワーを競い戦い建設するイメージ――証券取引所の立会・荘重なオフィスビル群・徴兵検査会場・満洲の兵士たち・疾走する列車・製鉄の高炉――すべてが男性性に収斂する。

他方、都会・消費・退廃を割り振られるのは、日本人にあるまじき西洋かぶれを体現するジェンダー規範逸脱的な女性性・男性性のイメージである。欧米のファッション雑誌さながらの衣装をまとうモガ・頭髪にポマードをてからせる若い男性・流線型ボディのアメリカ車・カタカナのネオンが輝く夜の街だ。両者を混在させる『非常時日本』は陸相の演説に合わせて後者を巧妙に否定しなくてはならない。

この目的にそって挿入された二つのミニ・ドラマはモガを否定的に見せるために女優たち扮するキャラクターを誇張して醜く造型する。通常の劇映画が女優のセクシュアリティで魅せる演出を採用しない。夜の銀座で騒ぎを起こす若い未婚女性は露骨にヒステリカルで浅ましく、夫を伴い連日ダンス・ホールに通う有閑マダムはあまりに愚かで母親落第であることが印象づけられる。

だが、そうしてモガを悪者にした陳腐な短編劇や陸相の演説は、現実のモガのドキュメンタリー映像によっていともたやすく無効にされる。明るい銀座の街をスケッチのように垣間見せる映像に若い女性たちの姿――ひさしの大きな帽子にワンピース、ブラウスにスカートの洋服姿で歩く娘たち――が現れると、それは「モダーン」を体現する圧倒的な形象となりいかなる反駁も寄せ付けない。『非常時日本』の編集センスは、主役たる陸相に従ってモガの魅力を否定するどころか、陸相が語る声を裏切っても躍動感あふれるモガの美しさに三三年の「今」を凝縮してしまうのである。

見えない農村女性

『非常時日本』に農村女性は登場しない。都会を体現するモガに対抗して村娘を農村文化の肯定的表徴にすることは予め放棄されたのだ。日本の原風景として強調される農村は清浄無垢な自然と結びつく。雲流れる山麓の水車小屋や絶え間ない清流のせせらぎのイメージは単調退屈ながら、悠久の時間と空間を示唆し民族共同体にとって永遠なる故郷にふさわしい。加えて、陸軍による農村への配慮をアピールしたい陸相の意向を寓話化するドラマが第七リールに挿入される。軍事演習で荒らされた畑を連隊の兵士一同が元通りにして農夫を感激させる筋である。

日本の劇映画製作は植民地や中国だけでなく日本の地方農村に対しても関心が薄かった。観客が歓迎しなかったからだ。『伊豆の踊子』を監督した五所平之助（ごしょへいのすけ）らベテランの劇映画製作者たちは一九二〇年代から観客の関心が美しい女の現れる都会のドラマにあることを経験的に知っていた。この点は『非常時日本』の筆頭編集者である近藤伊與吉（こんどういよきち）も俳優業から脚本までこなした器用な映画人として了解していたはずである。

とりわけ三〇年代初期に農村を清純素朴な村娘のイメージで表象するには現実が過酷過ぎたろう。農業経済は破綻し、メディアは欠食児童と並べて娘の身売り激増を伝えた。実際、昭和の身売りは明治・大正を凌いで増加していた。だが公娼制度を存置する日本の行政・司法・立法は人身取引に直結する金銭貸借契約を有効と認め介入しなかった。左翼・右翼とも身売りを農村困窮の象徴と見たが廃止に力を傾注したわけではない。身売りは江戸時代に制度化されたために古い慣習が自然に残ったように錯覚されるが、実際には構造的にイデオロギー的に意図的に維持されたものだ。結婚制度の保全にかこつけて公娼制を擁護する性風俗ビジネスの強力な要請と、身売りを親孝行と呼び醇風美俗と称する男性支配の政治が根絶を妨げていた。

要は、蠱惑するスクリーン・モガという表象が農村女性たちの現実より現代性として強烈に迫った、同時代を生きる地方農村女性の実在を凌駕した点にある。モガの視覚的快楽は都会の繁栄から置き去りにされた農村を思い起こさせることなく、現時点の日本が享受可能な繁栄を見せつけ、したたかな資本主義の発展を前景化する。

こうした鮮烈なモガ・イメージゆえに荒木貞夫陸相の『非常時日本』におけるモガ批判、消費の文化批判は全くの空振りに終わった。満洲事変後に小春日和気分に浸っていた社会に向けて非常時を連呼した『非常時日本』は間抜けで無粋なプロパガンダでしかなかったのである。

ちょうどこの時期、荒木陸相とは別方向から理論社会学者・高田保馬も消費抑制を提唱し始めた。昭和恐慌に触発された高田は日本の民族的生存戦略として、先進的な西洋社会の生活水準を目指さず消費抑制による「貧乏国家論」を展開した。大衆に消費文化の放棄を求める荒木陸相・高田保馬らの主張は数年後には当然のこととして罷り通るようになるが、この時点で聞き入れられることはなかった。

モダン・ライフの到来

と言うのも、事変後に景気が好転した社会では広範な社会階層の人々の関心が各自のモダン・ライフを実現することに向かったからである。事変の後、経済は軍需関連産業から持ち直し、産業の活性化が景気回復に繋がった。本家ケインズを先取りしたと評される高橋是清蔵相の財政政策の下で需要は拡大し、生産が刺激されて遊休施設がフル稼働すると「求人」が増大した。満洲国への投資は日本へ還流してきた。結果的に一九三四年（昭和九）から三六年、日本経済は戦前で最高の繁栄期を迎えた。この推移は変動する経済の複雑さより、戦争が不景気を追い払ったという単純な図式を人々に見出させたかもしれない。こうして人々は平和と繁栄を享受した。庶民でも謳歌できる消費の文化モダン・ライフ時代の到来である。

一九二〇年代の富裕層と中流階級が牽引し、サイレント映画が描いた新しい生活文化――洋風的住居としての文化住宅、仕立て代のかかる洋服、テニスやゴルフなどの新しいスポーツ、ラジオや蓄音機――は享受できる者を階級的に制限した。対照的に、私が三〇年代に実践された生活文化として言及する「モダン・ライフ」は贅沢度が大いに希釈されて低所得層でも追求できるようになった都市型の消費文化であり、憧れとしての西洋志向を残しつつ日本の大衆消費者の現実と嗜好に合わせて折衷された生活様式である。このモダン・ライフは好景気を迎えた三〇年代の経済社会に対応して大衆的な消費の文化として現れ、四〇年まで持続した。経済成長と産業発展と共に継続し多彩な形態で実践されたのである。賃貸アパートへの入居、コーヒーとホットケーキを出す喫茶店の盛況やアジフライやカレーを提供する食堂の人気、女性が自家縫製する洋服、ハイキングや映画といった余暇活動も含まれる。日本の現代劇映画はモダン・ライフのカタログとなり、観客はスクリーンで展開されるモダン・ライフを見守ることとなった。

日本映画の体制協調路線

サイレントからトーキーへ

事変後に日本の劇映画製作が取り組んだのは一九三〇年代の日本で「あらまほしき生活様式」を追求する広範な社会階層に応じて多様なモダン・ライフのイメージを提供することだった。この傾向と表裏一体となったのは、事変後に満洲や中国大陸が劇映画の主題としてほとんど扱われなくなった現象である。三〇年代における朝鮮半島・満洲との交通ルートの強化と物流の拡大という現実にも関わらず、日本の映画製作は後進的な他者とみなした植民地や中国との関係に表象の関心を割り振るより、新時代を生きる日本の住人たちの「今」を捉えてイメージとして投げ返すことを選んだのである。

と同時に、日本映画は社会体制の維持と再生産に貢献する国家のイデオロギー装置としての機能を十全に洗練させるプロセスをたどった。モダン・ライフは、広範な社会階層の人々が各自相応の消費を通じて自由を享受するというプライベートな物質生活であり、この物質性を通してイデオロギー化された文化的実践である。資本主義を前提とするモダン・ライフは、誰もが均しく豊かなユートピアを夢想しない。資本主義は本質的に格差を生み出し続けるが、自由主義経済における市場と競争の原理を通じて有意の個人がチャンスをつかめるという可能性によって正当化されている。会社重役だろうと女工だろうと各自の収入規模で個性化した消費活動を通じて、入手実現が可能なスタイルを追求するのがモダン・ライフの文化である。

無声映画末期にあたる三〇年代前半は、俸給生活者（サラリーマン）・保険外交員・長屋住まいの労働者、ショップ・ガールや彼らの家族や周囲の人々の生活の哀歓を細やかに描く作品がどんどん登場した。満洲事変前に公開された『腰弁頑張れ』（成瀬巳喜男　三一年）・『チョコレート・ガール』（同　三二年）、「肉弾三勇士」の扁額を小学校の教室に映し出す『生まれてはみたけれど』（小津安二郎（おづやすじろう）　三二年）・『出来ごころ』（同　三三年）などである。気の好い主人公たちは上役や客のご機嫌を取り、あるいは経済的に窮迫するが彼らは革命を望まない。

傾向映画のように社会の欠陥を暴いて社会批判を煽ることはなく、逆に内務省が国民に鼓舞したがった自助の精神（今日なら差し詰め「自己責任」）をことさら促すこともない。そこには映画評論家佐藤忠男が示唆する「宥和的」なモードがある。主人公の身に降りかかるアクシデントを見つめる観客に、立場が異なっても人生に不運・不如意が起きることでは皆平等であり、この世の中と折り合って生きることの健全性が示唆される。この宥和的なモードによって日本の映画製作は、トーキー化で効果的に説得する声を備える以前から、既存の社会秩序と調和する価値観を鼓吹していたのである。

図9　『伊豆の踊子』（田中絹代と大日方伝）

映画『伊豆の踊子』　一九三三年（昭和八）の田中絹代の公開作は一〇本だが、とりわけ人気が高かったのは日本髪の可憐な娘薫に扮した『伊豆の踊子』である。

松竹映画『恋の花咲く　伊豆の踊

子』は川端康成の小説の初の映画化であり、主演の田中絹代が好評で興行的成功を収めた。原作では青年主人公と一四歳の踊り子は互いに好意を抱くが結婚を考える関係ではない。だが映画化にあたって五所平之助監督は大胆に変更した。田中絹代扮する薫のキャラクターは稚気を残しながらもストレートに感情をぶつけて人生を切り拓こうとする女性であり、大日方伝（おびなたでん）演じるエリート学生水原は後述する通り大人である。伊豆の旅を通じて二人が互いに抱く好意は真剣で熱い恋に発展する。原作にない伏線として薫と兄の栄吉に縁のある旅館湯川楼の経営者善兵衛と息子が登場する。この息子隆一が薫の知らぬうちに定められた許婚者（いいなづけ）であり、しかも一高生水原が敬愛する先輩である。この事情にたじろいだ水原は恋を諦める。旅の終点下田港で薫と水原は互いに愛を告白するが、水原は薫に許婚者との結婚を勧めて乗船し、薫は泣いて彼を見送る。

　現在視聴できるＶＨＳ版で弁士の声は常套的なフレーズ「波止場は女の泣くところ」を披露するが『伊豆の踊子』は決して古臭い悲恋ドラマとは扱われず、松竹モダニズムの作品として好意的に受容された。泣いて別れる恋人たちのドラマがなぜ「モダーン」なのか。『伊豆の踊子』が「今」をつかんだと認められたのは、三三年の時点で社会的に承認されうるロマンチックな恋愛における誠実さと、結婚に関するシビアな現実をドラマ的に調和させたバランス感覚のせいだろう。当時の社会に頻発する心中や身売りのようなどん詰まりの問題解決とは根本的に異なる、主人公たちの未来志向を裏打ちするのである。

現実の抑圧と想起

『伊豆の踊子』は現実社会の厳しさを前提にしながら巧妙に抑圧する一方、身分差別という意識を含めて古臭く見える発想からの離脱を促す。映画はまったく意外なシーンから始まる。村の駐在が自転車で走り回り、旅館湯川楼から逃亡した芸者（画面に登場しない）を熱心に捜索するのだ。世智に長けた観客ほど不安を感じたろう。警察を含む戦前の公権力は女性を売り物として抱えた業者に味方する傾向があり、逃げた娼妓らが連れ戻されて折檻されるという暴力が珍しくなかったからである。だが現実的で生々しい連想は効果的に打ち消される。駐在による捜索は、湯川楼専属の内芸者が「悪い男に騙されて、ひどいことになる」のを保護者のように案じた主人善兵衛の温かい配慮だと判明する。字幕に現れる「ひどいこと」は遊郭に売り飛ばされることを意味するが、暗黙の了解事項である。

もう一方で、映画『伊豆の踊子』は観客にあることを確実に知らせる。温泉の脱衣所で笑いながら会話を弾ませる薫たち女芸人らの背後の壁には「娼妓斡旋　親切屋」という大きなポスターが貼ってあり、観客の視野に飛びこんでくる。この気の好い女たちが娼妓になるギリギリ手前に立っていることがまさしく告げられている。

そうした危うい地点から薫を助け出す気でいるのが、芸者探索を通して善意の人柄が保証された湯川楼の主人善兵衛である。栄吉と薫はもともと旅芸人の子ではなく、亡父が残した財産を栄吉の投機で失って仕方なしの芸人稼業である。亡父と親しかった善兵衛は薫を旅館の跡取りである息子隆一の嫁に迎えて情けない境遇から救い出し、栄吉を堅気の職に就けたい。善兵衛、兄の栄吉、水原という男性三人の思惑が交錯して、薫の意思に関係なく彼女の人生を決めようとする。

映画のアクセント

一九二六年（大正一五）に発表された原作小説は遊芸者を賤業として卑しむ態度を前近代的身分差別として茶屋のばあさんの言動や「物乞ひ旅芸人村に入るべからず」という村境の立札を通して表現する。若い男性主人公に差別は無縁な感覚である。彼は名門・第一高等学校の学生として西洋思想を普遍的教養（コスモポリタニズム）として身につけた帝国の民主主義（インペリアル・デモクラシー）の青春を生きている。

一九三三年（昭和八）の映画も古い身分差別に否定的だが、映画独特の価値観を導入する。映画『伊豆の踊子』の水原という男性キャラクターは小説のウブな主人公とかけ離れている。俳優大日方伝は顎にヤクザな印象を与える傷をもつ風貌の二六歳である。このキャストによって水原は身分的偏見を含む世故に通じた成人男性となり、未熟な薫を庇護者のように善導する素振りを示す。

小説で示される旅芸人への蔑視は、映画では一高生・水原が颯爽と初登場する場面に利用される。素朴な村人たちが村の立札を栄吉が引き抜いたと疑い、薫らの抗議にも関わらず彼を役場へ引っ立てようとする。そこへ仲裁に入るのが水原である。この場面で兄の無実を泣いて訴える薫の一途さに加えて、水原が古い身分的賤視に囚われない公平な人であることが効果的に印象づけられる。

さらに、映画『伊豆の踊子』は原作にない身売りの発想を導入して、薫にこれをきっぱりと拒否させることで、女性の人身取引を是認しないスタンスを婉曲に示す。若い女性である薫には温泉町に大看板が目立つ「クラブ白粉（おしろい）」や旅館の座卓上に置かれた「明治」の板チョコのように商品価値がある。だから兄の栄吉は自分が再起を図るために薫を湯川楼の内芸者にして前借金を得ようと考える。栄吉の身勝手な思いつきが実行可能なのは、彼が戸主であり薫の監督者として行動できる権能ゆえである。この戸主権は工場の就職に際して女性が年齢に関わらず法的未成年として扱われ、働く本人が労働契約の当事者になれないという女性労働の差別的現実と直結している。

「内芸者になってくれ」と言う兄の頼みを薫はきっぱり拒む。演出の狙いは困窮した東北農村の娘が迫られた身売りという問題解決法を直接に否定することではなく、栄吉のエゴイズムを即座に拒絶する薫の自発的な性格を際立たせる。薫は「それなら東京へ行く」と言う。教育技能のない女性が東京で身を立てる方法は男性客のご機嫌を取る水商売か低賃金の女工の類しかないだろう。だが薫は水原が住む東京で彼と共に可能性が開かれると期待して強気である。意外にも水原は薫に同意しない。

エリートの発想

水原にとって妹を金銭化する栄吉の発想は非人道的で前近代的に見え、薫に対する愛情からも耐え難い。一方で水原の合理主義は、薫が東京で試そうとするちっぽけな可能性よりも好条件の結婚話を実現することに軍配をあげないわけにはいかない。薫を最も困惑させるのは、この水原が振りかざす価値観にほかならない。水原は村人が芸人に向ける賤視を共有しないが差別の現実は認識しており、そのうえで近代市民社会における規範的な中流家族モデルに照らして薫の生活を繰り返し否定する。水原の念頭には、女性が社会的に承認される生き方として中流階級の専業主婦をモデル化したごく常套的な良妻賢母の思想がある。酒席で芸を披露して回る踊り子稼業は、近代以前からの身分的賤視によっても、結婚と家庭を神聖視して水商売を悪徳として糾弾する近代市民社会の道徳観からも「まとも」「真面目」でないものとして否定されねばならない。では薫はどうすべきなのか。

水原は薫の期待を打ち砕き自分の恋を諦めても、許嫁者である隆一との結婚を薫に勧める。字幕に彼の胸中は詳細にされず、この結婚が栄吉だけでなく「あなたにも良い」とだけ明示される。それだけ単純な計算だ。薫が資産家の息子に嫁ぐという選択肢は家族を単位にして考慮する経済において最も効率が良い。人望高い善兵衛を舅に、確かな人格と高い学識を備えた隆一を夫とする体裁の良い結婚は、姻戚になる栄吉には社会的再起を叶え、薫には裕福で彼女が大事にされる生活を保証する。この結婚の条件は「家」単位で思考する明治以来の保守的観点からも、個の人格を尊重する大正以来の家族の理想からも申し分がないように見える。一九三三年（昭和八）の『伊豆の踊子』は恋人たちの恋愛感情を誠実で尊いものとして確認する一方、水原の分別が結婚をしたたかに「家族の幸福」の観点から見直させ、犠牲と不幸の受忍ではなく与えられた好機として積極的に生かすことを促すのである。

だが水原による結婚の勧めは、薫の意思をまるで顧慮しないという点で善兵衛の一方的な善意、栄吉の身勝手な身売りの発想と共通するだけではない。家族経済を優先する水原の功利主義的発想は家族から国民国家のレベルへ滑らかにスライド可能である。それは戦時に天皇の臣民として動員される国民が各自で引き受ける代償（自分や肉親の命）を通して大いなる家族国家の存続に寄与し、金銭的報酬と同時に名誉を得て社会関係上の象徴的利益を確保する構造を自明として疑わない。もちろんエリートたる水原の発想法が自己を国家と一体化させる国家主義と親和的であっても不思議ではない。

薫の自由

水原に去られた薫はエンディングで泣きむせぶ。だが、映画『伊豆の踊子』は薫の将来に関してどの男性キャラクターにも完全な決定権を与えていない。薫は果たしてどうするのか観客の想像に委ねられる。多くの臣民―国民と同じく貧乏で教育のない、そして女性である薫はエリート男性水原のように思考するわけではない。薫は無知ながら善悪是非を弁え（わきま）て自暴自棄なところはない。意思を明白にする積極性をもつ薫が自分で行く道を決するのである。水原のアドバイスに従うかもしれないし、従わないかもしれない。映画は薫の将来に関する選択を彼女自身に任せ、あくまでオープンのままで終わる。

この時期、軍部・官僚など国家を率いるエリートの中には「高度国防国家」として総力戦可能な国家体制を志向する勢力が伸長した。軍備拡張の要求は対ソを念頭においた陸軍だけでなく、対米を意識する海軍にも大きく、ロンドン軍縮条約が失効して無条約時代に突入する「三五・六年の危機」が取り沙汰されていた。

一方、国民一般は国家の行方に共有すべき明確なビジョンを持たず、まさに薫と同様に未決定の状態にあった。事変後の景気好転で一般国民の生活がすぐさま良くなったわけではないが、国民の関心が国防よりモダン・ライフに向いたのは『非常時日本』が懸念した通りである。

強調しておきたいのは『伊豆の踊子』のような人情の機微を描く映画が、女性の人身取引の現実を巧みに抑圧しつつ利用し、水原や善兵衛のような善意の人物を通じて彼らがリードする既存の社会秩序を本質的に悪意に満ちたものでなく、むしろ涙のように温かく優しく包み込むものであると保証していることである。

映画国策化の動議

一九三三年（昭和八）は帝国議会において国家が従来の映画に対する認識を変更した年でもある。議員岩瀬亮が提出した「映画国策樹立ニ関スル建議案」が可決され、これにより映画の社会的影響力を国家の対内外宣伝・国民への教化に利用する方針が打ち出された。政治家・官僚は実際のところ、技術的・芸術的・産業的にめざましい成長を続けていた日本映画の現状を理解していたわけではない。

映画国策構想は自律性の高い映画製作の領域を管理して国家目的に従属させる意向を示したものだった。この国家から映画界が圧迫されるのは、全面的トーキー化を経て後の日中戦争下のことである。日本映画はまずはモダン・ライフを謳歌することに専念した。

バビロンの女たち

モダン・ライフとトーキー化

この章のタイトルにバビロンなる地名が出てきたことを説明するところから始めよう。ここでのバビロンは、モダン・ライフとトーキー化という同時に進行し拡大した現象の組み合わせにちなんだ表現である。華美と悪徳のはびこった都市の代名詞バビロンがモダン・ライフの中心東京を連想させ、さらにバベルの塔の所在地と言われる古代バビロンがトーキー化による激震を想起させるからである。

謳う女　謳わない女

日本映画においてトーキー化が主流となった一九三〇年代半ばは、日本が一九三七年（昭和一二）の日中戦争勃発までの「平和と繁栄」を享受した時期にあたる。景気好調な映画に限らず産業全般が経営の合理化・資本集中・新技術導入によって近代化を志向した。造船と航空機を併せた大企業三菱重工が出現する一方で、蓄音機を備えてレコードを聴かせる喫茶店が繁盛していた。三〇年代の日本経済は巨視的には軍事化したと形容されるが、戦争に直結する軍需製造業とモダン・ライフを支える民需のサービス業が共に勢いをつけて伸長したのである。

トーキー化はスクリーンの人物が語り始めたことを意味する。バベルの塔の伝説では不遜な人間への罰として神が人間の言語を多様化して異なる言語間のコミュニケーションを困難にしたという。神ならぬトーキー映画の登場は、技術的挑戦を通じて各国の映画製作者に言語―民族共同体である観客に彼らの母語で自然に語りかけることを意識させ、結果的に説得のテクノロジーを著しく洗練させることとなった。サイレント末期の日本映画はすでに資本主義体制を支持し非政治的な個人を主人公とするモダン・ライフの表象に向かっていた。だがトーキー化を通じて日本映画は既存の社会秩序を支える価値観を観客に鼓吹する国家イデオロギー装置として機能を十全に発揮し始めたのである。言い換えれば、モダーンを標榜する文化的ナショナリズムに裏打ちされた三〇年代のスクリーンは、主人公たちのたまさかの資本主義的成功を祝賀しつつも革新的社会変化を志向しない保守性によって同時代の社会を表象した。

この時期のスクリーンで生彩を放ちプロ根性を示した女優は田中絹代のように今日まで名を知られる大物スターばかりではない。低俗扱いされた大都映画の看板女優琴糸路（こといとじ）、PCL（後の東宝）の生え抜きの堤真佐子（つつみまさこ）ら、あまたの女優たちが忙しく多様多彩な現代女性を演じていた。そこで本章はモダン・ライフ隆盛とトーキー主流化が同時進行した三〇年代に活躍した女優たちの作品に眼を向ける。「モダン・ライフとトーキー化」「挫折する女たち」はモダン・ライフに対して積極的支持と消極的追随という二つのスタンスを取り上げ、「モダン・ライフに漂うキナ臭さ」は平和な時代に産出されたはずの映画に漂うキ

図10　琴　糸路

図11　堤 真佐子

ナ臭さを検閲との関連で考察する。

モダン・ライフに対する態度の一つは、後述するＰＣＬ映画『ほろよひ人生』『東京ラプソディ』で歌謡曲を口ずさみビールを飲む都会の男女が体現する明るく肯定的なものである。社会の構成員たるつましい個人が変化を発展として受け容れ、より豊かな生活の到来を期待する楽観主義だ。成功への意欲に満ちた個人、彼らの自由で寛容な精神によって強調される資本主義への信頼の表明である。成長を高らかに謳う積極路線とでも呼ぶべきかもしれない。さらにモダン・ライフの肯定は、変化を歓迎する進歩志向だけではなく、現状維持を望む保守的発想でも共有される。松竹映画『新道』が示すように、階級社会の特権をスタイリッシュに享受する富裕層のドラマはモダン・ライフ礼賛だけでなく、資本主義が生み出す不均衡のおかげで彼らが優位でいられる人生ゲームそのものを寿（ことほ）ぐのである。

モダン・ライフに対するもう一つの態度は、さまざまな形で押し寄せる近代化とモダン・ライフの趨勢にはっきり反抗するわけではないが、さりとてスンナリと便乗することもできず仕方なしに追随するスタンスである。その代表はトーキー専門のＰＣＬが音響効果を凝らした『乙女ごころ三人姉妹』や、大都映画『乳房』のようなお涙頂戴サイレント映画である。時代に取り残され社会の周縁に捨て置かれる人々、言わば負け組の諦念を不運なヒロインたちに体現させる、謳わない消極路線とでも呼べるものである。

要するに、積極的にせよ消極的にせよトーキーであれサイレントであれ、この時期の日本映画は都市大衆の消費文化としてのモダン・ライフがこの時代の主流に間違いないことを証し、その前提たる資本主義にもはやいささかの懐疑をも示すことはない。

トーキー・スクリーンの女性たち

一九三〇年代半ばのスクリーンでは女性たちが、かつて二〇年代末のサイレント映画で挑発的で危険なモダン・ガールとして描かれたスタイル（服装外見であれ、社会階層・職業であれ）で現れても、もはやそれ自体に先鋭性・挑発性は付与されなくなった。労働市場に若い女性が進出して多様な職種に就労する現実が定着したからである。日本の会社組織は男性社員の雇用安定のために年功に応じた給与体系と定年制を導入する一方、結婚までの腰掛けで勤める女性事務員、今日のＯＬのプロトタイプを一般化させ、女性は男性より低い賃金と昇進可能性の欠如、早期の退職年齢規定の下で働いていた。現実の職業婦人たちと同様に、既存の社会秩序を所与の枠組みとして受け容れ、その中で合理的に考え手堅く行動する生活者がトーキー映画の女性たちである。働いて自分が楽しむために消費もする彼女たちは穏健な価値観を標榜する存在であり、政治的権利はなくても臣民―国民としての意識を内面化した、言わば二流市民として現れるようになった。

と同時に、こうしたスクリーン・モガの二流市民への変貌が日本映画全体の脱政治化という趨勢において生じたことに留意しなければならない。つまり時代劇映画が傾向時代劇の重苦しさを捨て去って「明朗化」した現象と並んで、現代劇ドラマは左翼的政治性を払拭し、あまた提供された女性イメージもまた、もっぱら社会秩序を攪乱する起爆性のない安全な女へと収斂したということである。

拝金主義メルヘン『ほろよひ人生』

トーキーで創業した映画会社PCLは先進的社風で知られた。このPCLが、鉄道・デパート・レビューと多角的に事業を繫ぐ構想力でのし上がった実業家小林一三（こばやしいちぞう）の指揮下、新興勢力東宝として古株の松竹・日活と並ぶ三大映画会社の一つへと成長する。

だがPCLは当初小さな存在だった。PCLが最初に自社で映画製作したのは一九三三年である。前章で見た通り、政治的には共産党が弾圧された年だが、日本経済は好調で、モダン・ライフの一つの指標としてのビールの生産高は最高記録を達成した。ビール業界トップの大日本麦酒をスポンサーにしてPCLが製作したのが『ほろよひ人生』である。

音楽喜劇と銘打たれた『ほろよひ人生』は登場人物に歌わせるというトーキーならではの楽しさをデモンストレートする。監督木村荘十二（一九〇三〜八八）は大正の青春期に培った社会主義へのこだわりを長く保った人だが、『ほろよひ人生』でひたすら追求されるのは資本に他ならない。

成功が舞い込む調子の良いドラマは、音楽大学の学生アサヲ（大川平八郎）、恋人エミ子（千葉早智子）、エミ子に片思いのアイスクリーム売りトク吉（藤原釜足）ら三人を主人公とする。「ヨーヨー駅」でウェイトレス・エミ子は樽ビールのカートを引き、トク吉はアイスクリームを詰めたボックスを提げて売り回る。常連客としてエミ子に会いにくるアサヲは彼女に歌謡曲を捧げる。この歌謡曲がやがてレコード化されると名門音大で問題となり、アサヲは退学となる。だがレコードの大ヒットで莫大な印税を得たアサヲはエミ子とめでたく結婚。トク吉も偶然に宝石泥棒を退治して多額の謝礼を得る。エミ子の結婚でトク吉は落ち込むが、泥棒団がアサヲとエミ子の新居を襲う計画を耳にすると奇計をこらして泥棒団を追い払う。この後、ビア・ホール経営の夢を実現したトク吉は彼の店ＥＭＩＫＯのカウンターで汗だくで働いている。トク吉の汗と涙が光る顔が大写しになり、ビールを飲み干すショットで映画は終わる。

登場人物たちの合理的行動

幸せを求め、より大きな資本を目指して行動する登場人物の行動原理は、現在進行形で経営の近代化と市場の開拓を進めていた日本企業のそれと同じである。美貌の千葉早智子が麗らかに歌って演じるエミ子は、男性二人が成功の暁に結婚したいと願うマドンナである。一貫して受け身のエミ子はロマンティックな恋愛に酔っても結婚には堅実に対応する。彼女が選んだアサヲの魅力はハンサムなだけなく、名門音大生としての文化的・社会関係的資本のトータルはトク吉のそれをはるかに凌駕する。エミ子はアサヲが退学されると彼を諦めるが、逆転して成功すると彼と結婚し豊かな生活――ピアノ・応接家具や贅沢な衣装や装身具が溢れかえる洋館――を獲得する。

図12　『ほろよひ人生』（千葉早智子と藤原釜足）

アサヲを演じた大川平八郎はハリウッドでヘンリー大川としてスタントの経験をした後に帰国してPCLで俳優となったソフトな二枚目である。アサヲは音大を追い出されて歌謡曲のヒットソング・メーカーとなる。この転身は一九三二年に東京音楽学校（東京芸術大学の前身）の学生が歌手藤山一郎として歌謡曲のレコードを出したことで咎めを受けた事件を茶化すものだ。サイレント映画の人気弁士・徳川夢声がいち早くトーキーの俳優として起用され、アサヲを追い出す学長とアサヲに専属契約を迫るレコード会社の社長という二つの顔をもつしたたかな人物を演じる。この皮肉なキャストが暴露するのは、クラシックが商業性を超越した高級文化としての差別化戦略を取りながら、実はジャンルを問わずヒットを歓迎する音楽ビジネスに併呑（へいどん）されている現実である。

クラシックから大衆音楽というアサヲのジャンル間移動は音楽担当者の一人紙恭輔（かみきょうすけ）のキャリアをなぞるものだ。日本にガーシュインの楽曲を紹介した紙恭輔は第五高等学校・東京帝国大学法学部というエリート軌道から音楽家に転じた変わり種である。クラシック領域での演奏活動を経て、軽音楽の領域に移り、作曲家・演奏家としてPCL作品の音楽を手がけた。ただし、アサヲの転身は芸術的越境ではなく、彼の経済的成功を際立たせるために大衆歌謡という大規模な市場への移動として示される。

トク吉のビア・ホール

失恋してもエミ子を泥棒の危難から守ろうと奮戦したトク吉にはビア・ホール開設の夢が叶えられる。彼のかねてからの信条が「成長」である。今はアイスクリーム売りでも、商売をだんだん大きくして、いずれはビア・ホールを経営すると宣言していたトク吉の人生は、アイスクリーム売りをクビになってから愉快に変転し、一気にビア・ホール経営者へと成り上がる。

アイスクリームは一九二〇年（大正九）に一般製造が始まったと言われるが、冷凍保存が困難だった戦前には庶民の氷菓ではなかった。一方、ビールは大正のホワイト・カラーから支持を得て市場を拡大し大衆飲料の地位を築いた。それゆえビア・ホールは映画館やダンス・ホールのように都市的な大衆消費の文化であるモダン・ライフを視覚化する空間の一つとしてスクリーンに登場したのである。

トク吉のビア・ホールが扱うのはすべて大日本麦酒の銘柄である。日本のビール産業は、西洋化を奨励する明治政府の下で急成長をとげた好例である。小規模製造業者の乱立、熾烈な販売合戦、日清戦争以来一〇年おきの戦争で製造者に課されたビール税、戦争景気と不景気の循環をくぐり抜け、日本のビールは明治末にはアジアに輸出されるようになった。こうしたビール産業の成長を国益に直結させる殖産興業の意識から一九〇六年（明治三九）に生まれたのが大日本麦酒である。市場を狭い国内から海外にまで拡げようと三社（アサヒ・エビス・サッポロを製造する大阪麦酒・日本麦酒・札幌麦酒）が大合同して誕生した。『ほろよひ人生』製作の三三年（昭和八）、大日本麦酒は満洲国での新需要を見込んで朝鮮麦酒を京城府に設立した。追随する業界二位の麒麟（キリン）麦酒と共に以後も大陸進出を続け、日中戦争下の三九年まで上昇し続けたビール消費によって成長と拡大を達成した。

こうした企業の行動原理と相同的な論理を貫くのが『ほろよひ人生』なのである。エミ子という究極の資本を追求する二人、才能あるアサヲと度胸に富むトク吉は彼ら自身の行動によって成果を手にする。彼らに降る幸運を通じて確認されるのは、世間一般の感覚と等しく「幸福／成功とは金銭／資本があること」という素朴な認識である。彼らが獲得したもの（アサヲとエミ子の贅沢な新婚生活、トク吉のレストランや料亭での豪遊とビア・ホールの開設）は屈託なく祝福される。『ほろよひ人生』は監督本人の思惑がどうあれ、資本主義賛歌としてモダン・ライフの呼び込み役を担ったのである。

「阿部定」映画の不在

一九三三年（昭和八）、社会主義者・山川菊栄は婦人雑誌で共産党報道や滝川事件を論評することができた。だが三五年、天皇機関説を排斥する右翼が法学者美濃部達吉を襲った事件に際してはすっかり歯切れが悪くなっていた。やがて三六年に軍事クーデターである二・二六事件が社会に衝撃を与える頃には政治情況は重苦しく変化し、政治を論じる自由は着実に切り詰められた。だが、言論空間の閉塞を痛切に感じたのは山川のようにペンをもって発信しようとする知識人であり、大衆ではなかった。

松竹映画『有りがたうさん』の公開直前に二・二六事件が発生して興行へのダメージが懸念されたが観客動員にさしたる影響はなかった。夏のベルリン・オリンピックで日本は水泳や陸上競技でメダルの栄光に輝き、国家に一体化した人々は誇りを感じた。文芸復興と形容された文学に劣らず日本映画の創造力は旺盛で、とりわけ『祇園の姉妹（きょうだい）』『浪華悲歌（なにわえれじい）』など映画史に残る優れた作品を続々と産出した三六年は当たり年とみなされた。

この間、トーキー化は音響以外の次元でも日本映画に変化を促した。サイレント時代では新聞沙汰の事件に便乗してごく当たり前に即製された「際物映画」がトーキー映画になって減少したのである。この変化を端的に示すのが、三六年の活字メディアがこぞってセンセーショナルに取り上げた阿部定（あべさだ）事件が戦前はついに映画化されなかった事実だろう。社会不安で始まった三〇年代に強化された検閲制度という外部的要因と、製作コストのかかるトーキー映画を検閲の鋏（はさみ）から守りたい企業の自己規制という内部的要因が合致したのである。

際物の減少傾向と相俟っていたのは、サイレント時代にも増して、人気小説をトーキー映画化し「文芸映画」ジャンルとして積極的にアピールする作戦である。これは文化のステイタスを獲得した文学にあやかるべく映画産業が意識的に利用した戦略と解されよう。

一九三六年の閉じられたコスモポリタン・ワールド

一九三三年に『ほろよひ人生』で予告されたモダン・ライフは三六年のPCL映画『東京ラプソディ』で全盛ぶりが示される。監督伏水修（一九一〇～四二）は大阪の商家育ち、関西学院で学んだ映画青年で、左翼思想にも傾向映画にも無縁だった。ピアノを弾き自ら作曲・アレンジを手がけた伏水は欧米映画に演出法を学び、クラシック・ジャズ・ラテン・日本の歌謡と多様な音楽を使いこなし、日本の文化的土壌にふさわしい音楽映画の在り方を試行錯誤していた。

ここでいう音楽映画とはハリウッドのミュージカル映画を手本に日本の文化環境、製作条件に合わせて創出され、劇中で歌唱部分に重点が置かれた映画を指す。アメリカのミュージカル映画は破格の豪華さでアメリカの富と資本主義の規模を誇示した。比較にならないほどこぢんまりした日本の音楽映画もまた、戦前経済のピークを迎えた資本主義の将来を楽観しコスモポリタン・モダニティで彩る寓話の世界である。そしてアメリカの古典的ミュージカル映画が恋人たちの結婚というハッピー・エンドのパターンを通じて結婚と家族を神聖化するイデオロギーを担ったように、日本の音楽映画も巧妙なひねりを利かせて家族を切り札にするのである。

映画『東京ラプソディ』は、古賀政男が作曲し藤山一郎が歌って三六年に空前の大ヒットを遂げた歌謡曲の副産物であり、主演も藤山一郎本人である。登場するのは、銀座のクリーニング店の若旦那からレコード歌手への変貌をとげる主人公一郎、恋人でタバコ・キオスクの店員ハト子、ハト子の姉貴分で鉄火肌のダンサーマキ、一郎の親友で貧乏楽士の舟橋、靴磨きの少年トシ坊、芸者蝶々、野心的なジャーナリスト矢野女史、風流人の別井伯爵といった人々だ。新しい職種・職業、ステイタスに、モダニティの多面性——進歩と発展への確信・「時は金なり」の時間感覚・スタイリッシュな貴族的退廃・人道主義——が重ねられ、銀座のクリーニング店、新宿のダンス・ホール、御茶ノ水の喫茶店、芸者のいる新橋という都市空間の差異で構成されるモダン・ライフが登場する。こうした架空ドラマを産出させたのは、実際にドライ・クリーニング

図13　『東京ラプソディ』（藤山一郎と椿澄枝）

の白洋舎が東京から名古屋など地方都市に店舗網を拡大していた時代そのものである。

物語は単純だ。クリーニング店の屋上でハト子に歌いかける一郎の声を、矢野女史と別井伯爵が耳にして、彼をスターにしようと思いつく。伯爵の財力と矢野女史が新聞を通じて仕掛けたメディア戦略で、一郎はたちまちレコード歌手としてマスコミの寵児となる。内気なハト子は一郎と芸者の恋愛ゴシップ記事で落ち込む。見かねたマキがハト子と舟橋を伴って談判に押しかける。なじるマキに蝶々が激怒し、ハト子は泣き出す。感情的な女性たちを見かねて舟橋が理性的な態度で事情をただすと、蝶々は幼なじみの一郎との恋愛関係をきっぱり否定する。やがて家族の負債で苦しむ蝶々の立場を知ったマキたちは大いに同情するが金のない彼らは無力だ。そこへ一郎が現れる。矢野女史が押しつける過密スケジュールに反発して歌手廃業を宣言し、ハト子たち仲間のもとに戻ってきたのだ。三人は蝶々を救うのは「成功者である君にしかできない」と一郎を諭し励ます。気を取り直した一郎が「東京ラプソディ」を歌いあげ、街中がメドレーを繰り広げるなか大団円を迎える。ハト子の指に婚約指輪が輝く。

ここではモガのイメージも多様であり、保守ごりごりのジェンダー規範に出番はない。おっとりした椿澄枝が扮する優しい純情娘ハト子は未来の良妻賢母として申し分なく、だからこそ劇中で幸福になる。ダンサーのマキには実際に新宿のダンス・ホールのナンバーワンから引き抜かれて映画女優になった星玲子(ほしれいこ)が扮している。マキは飲酒・喫煙・付き合う男性の選択まで自分の流儀を通す大人の女性であり、誰とでも自分の言葉で渡り合える威勢のいいモガである。かつて松竹サイレントで不良やヴァンプ役でならした伊達里子は、やり手の矢野女史に扮してメディアの大衆操作をふてぶてしく正当化し、一郎を仕事に駆り立てる。皇室のイメージが投影されて温情的だが無為な別井伯爵と、彼の後ろ盾を利用する功利的な矢野女史の関係は、象徴権力とそれに結びつく資本主義の結合である。宮野照子演じる芸者蝶々だけが、唯一「古い」時代の遺物として扱われる。

代理戦争のまやかし

蝶々は病身の父と幼い弟妹を扶養するために苦労し続ける芸者であり、日本映画お定まりの不幸な女である。一郎をめぐる恋の鞘(さや)当てでは本来ハト子と蝶々がライバル同士だ。だが名前通りの平和主義者ハト子に闘争は適さない。そこでハト子に代わって姉貴分のマキが蝶々と対決する。この代理戦争はあっけなく終わるが、マキと蝶々の対立はあたかも新旧対立、合理的な資本主義と不合理な封建主義のコントラストとして演出される。ダンス・ホールから報酬を得るマキは近代的雇用契約による職業人であり、自発的に自由な個人の生き方を追求し、主観的にも客観的にもモダーンというわけだ。

一方、蝶々を時代にそぐわない存在に見せるのは、芸者という近代以前から存続する特殊な職業である。親の負債のために幼くして家族から引き離されて芸者となった蝶々は前借と稼業の慣習にいつまでも拘束され続け、解放される日は来ない。マキは「手練手管で男を騙す芸者」に軽蔑を露わにするが、蝶々はそうした世間の蔑みを内面化している。そのため結婚という規範的コースから予め除外された存在として自己卑下し、花嫁として申し分のない清純さをもつハト子から一郎を奪うこともできず、哀れな女であり続ける。

だがマキと蝶々による新旧のコントラストは映画的詐術にすぎない。『東京ラプソディ』は人身取引による公娼制度を維持する社会で形成された公的言説に寄りかかって、近代日本がその脆弱な資本主義の肩代わりを若い女性たちに強いてきた歴史とメカニズムを隠蔽する。近代日本の公的言説は「家族」を切り札にする論理で社会の不正と悲惨を容認した。世間は親の借財を娘の体で支払わせる残酷を親孝行と呼び、企業は「大きな家族」を擬制して女工を酷使する工場労働の現実を覆い隠した。私娼がはびこると神聖な結婚と家族を損ねるという理由で公娼制度の維持を主張する妓楼経営者の論理が帝国議会で通用していた。蝶々は「古い」時代の遺物どころか、まさに同時代社会の産物なのだ。

実のところ『東京ラプソディ』には具体的にはいかなる家族も現れない。蝶々の父・弟妹は彼女のセリフで言及されるが画面に登場しない。だが不可視の家族はあたかも歴史を超越した永遠の存在としての圧倒的な重みをもつ。この見えない家族に対する蝶々の忠誠は絶対的で、気ままな独身貴族たちに後ろめたさを感じさせる。モダン・ライフをつかのま謳歌する自由なマキたちの個人主義は家族の優越を認めて黙り込むだけである。

そこで「成功者」と呼ばれる一郎の出番である。彼は蝶々を救う役目、言い換えれば社会的弱者を救済する任務を引き受ける。社会―共同体に奉仕する倫理的目的に目覚めた一郎は、私の利益を追求する資本主義に修正を求める主張にたやすく同調するだろう。一郎が見せる積極性は戦時統制経済への滑らかな移行と支持を予見させる。日中戦争下、経済の倫理化は戦争を東洋平和の長期建設と呼びながら議論されたが、『東京ラプソディ』は「高い倫理」の実現に貢献すると人々に信じさせることの効用、まさにイデオロギーの効用を示唆する。

舟橋、ハト子、マキらの態度も示唆的だ。彼らは行動と成功を賛美し、一郎を新時代のヒーローとたのんで問題解決を一任する、素直で危なっかしい人々である。エリート指導を期待する自由主義と大衆デモクラシーが、近衛文麿の新体制に託して総力戦体制へとスライドしていくのを不吉に予告するようには見えないだろうか。

ユートピアの現出

『東京ラプソディ』は苦い現実を完全に排除して一九三六年(昭和一一)に一つのユートピアを現出させる。この年、外務省は外交文書において国号を「大日本帝国」に統一したが、スクリーン・ユートピアには東京を「帝都」として誇示するものは何もない。軍人の姿など政治的に記号化される要素は最初から不在だ。蝶々の父の「金がかかるばかりで良くならない病気」を結核と明かさず、稼ぎ先として満洲が注目された時期なのに蝶々の住み替え先はあくまで「九州」である。日本共同体の故郷であるはずの農村の苦い現実は見えない。「貧乏」や「病気」は観客をおびやかすことのない馴化された無害な言語的記号でしかない。物質文化の表象レベルでは、台湾・朝鮮・満洲といった植民地との流通を示す要素がまるで見あたらない。この時期に盛りあがっていた日本精神の論議などまったく無関係だ。

むしろ日常生活の風景は不思議な和洋折衷モードに支配され、特定の外国文化に単純に還元できそうにないコスモポリタンなものだ。銀座の「仏蘭西」料理店や一郎が走らせるアメリカ車、セーターにスカート姿というハト子の通勤ルック、マキがクリーニングに出すドレス、おしゃれな帽子やトレンチ・コートなどきわめてファッショナブルである。ハト子とマキが暮らす畳敷きのアパートの壁に貼られているポスターは、アメリカ映画最高のダンス・コンビ、ジンジャー・ロジャースとフレッド・アステアである。『東京ラプソディ』の東京は、世界中のモダーン都市と同じ時間を分かち合っている自信とより豊かな明日への希望に満ちている。「こんなに幸せで良いのかしら」と不安になるハト子に一郎はいっそう明るい将来を断言する。日本精神に無縁であっても、コスモポリタン・モダニティを達成した自信そのものが、文化的ナショナリズムの表現として有効なのである。

『東京ラプソディ』は三六年一二月、日本の資本主義の明るい未来を約束した。だがこの時点で、現実の日本経済の繁栄は限界に達していた。軍事費抑制へ舵を切った高橋是清蔵相が二・二六事件で殺された後、軍部に寛大な新蔵相の下で軍事費が膨張し、それに伴う軍需の増大を見越した輸入が爆発的に増大したために深刻な外貨危機が発生していた。三七年七月の日中全面戦争の勃発以前に、日本の経済は国家統制が懸案される事態に陥っていたのである。

挫折する女たち

PCL映画がすべておめでたかったわけではない。一九三五年の現代劇『乙女ごころ三人姉妹』には哀愁が漂う。庶民が食べて遊ぶ浅草を舞台にしてもモダン・ライフ賛歌ではない。

強欲な「おっかさん」という煙幕

監督成瀬巳喜男（一九〇五～六九）は松竹に所属した頃の無声映画でウェイトレスや芸者をヒロインにして彼女たちのモダン・ライフを爽やかにスケッチした。このモダン・ライフに肯定的な系譜からPCL移籍後の『乙女ごころ三人姉妹』がきっぱり断絶するかと言えばそれほど単純ではない。映画『乙女ごころ三人姉妹』は不幸な家族のドラマとして呈示され、資本主義の攻勢に否定的な態度が現れても曖昧なままに終わるからだ。

筋を紹介しよう。ヒロインお染は浅草の盛り場で三味線を弾いて歌う門付（かどづけ）である。門付の師匠である母親は、実の娘であるお染以外に三人の少女を養女にして働かせ「稼ぎが少ない」と愚痴る。お染の姉おれんは母親が押しつけた門付稼業を憎んで不良化した後、堅気の男性と所帯をもつために浅草を離れていた。末っ子の千枝子だけは可愛がられて育ち、レビュー・ダンサーとして働き恋人とのデートを楽しむが、姉たちの苦労に引け目を感じている。やがて生活に困窮して浅草に舞い戻ったおれんの登場でドラマは佳境に入る。不良仲間の恐喝に加担したおれんは知らないうちに実の妹二人を巻き込み、とりわけお染に危難をもたらすことになる。

図14　『乙女ごころ三人姉妹』の門付娘たち
（右から二人目がお染役の堤真佐子）

三姉妹を演じる女優たちにスターは不在だが、バックグラウンドの違いがキャラクター造型に活かされている。幸せをつかみきれない長女おれんに新劇女優細川ちか子、しっかり者の次女お染にＰＣＬ生え抜きの映画女優堤真佐子、甘えん坊の三女千枝子にレビュー出身で川端康成のお気にいりだった梅園龍子が扮した。この女優たちの本来の個性に暗さはないのに、彼女たちが扮するキャラクターには愁いがある。川端康成の原作短編「浅草の姉妹」は底辺の娘たちのしたたかな生命力を輝かせるが、映画は心の冷たい母親を繰り返し敵役に名指して姉妹の翳りを強調する。

ただし、母親の脅威を額面通り受け取る必要はない。ドラマが進行するにつれて姉妹の怒り・哀しみ・諦観といった否定的感情が単純に「おっかさん」に還元できないことが判明するからだ。『乙女ごころ三人姉妹』は一九三〇年代の変動のなかで落伍する弱者の嘆きを掬い取るが、社会的次元の問題とみなして解決のプログラムを提案するわけではない。立ちゆかない現状にある姉妹の閉塞感を描出することに専念する。しかも門付という芸人稼業の女性だけで構成された特殊な所帯の生活を描きながら、彼女らに斬新奇抜でしたたかな価値観を提唱させることもない。それどころか彼女たちの限られた可能性と挫折を通してジェンダー規範に則った生き方の価値が確認される。こうして『乙女ごころ三人姉妹』は、検閲が左翼的政治性を疑うような社会批判に至ることなく安全圏にとどまるのだ。

資本の浅草攻略

『乙女ごころ三人姉妹』は浅草六区のドキュメンタリー映像で始まる。浅草寺への参拝客で賑わう仲見世、境内のルンペンや路上の少年香具師（やし）、ひしめく映画館の幟（のぼり）、定食屋・小料理屋が連なる街路など江戸が東京になっても変わらぬ「無産者の天国」の風景である。この中にお染たち門付娘たちの姿が滑らかに挿入される。

だが一九三〇年代前半までに浅草が迎えた変化は顕著だった。東武鉄道や地下鉄の乗り入れ、松屋デパートや高島屋ストアという大資本の企業進出が相次いだ。二〇年代から浅草を観察していた著述家石角春之助（いしずみはるのすけ）は地下鉄の延長工事や三越の出店計画を知ると浅草に大資本の勢力が及んだことを認め、未来の浅草は相応なブルジョワ化をとげて銀座・新宿に連なる都市空間となると予想していたほどだ。

これに相関して、画面に登場するのは人々の購買意欲を煽る商業主義とさまざまなモダン・ライフの実践である。隅田川の船上には清涼剤「仁丹」の女性宣伝員が現れて和服に白い上張り姿で巧みな口上を披露する。千枝子が踊るレビュー劇場の観客たちはすこぶる上機嫌だ。写真を趣味にする学生がお染にポーズをとらせて撮影する場面はセリフなしのサイレント映画的ユーモアそのものである。登場人物たちは「キンシ正宗」「ライオン歯磨」のネオン・サインが瞬く小路を歩き、流行歌「アラビアの唄」が流れる喫茶店に入る。こうした些細な情景が重ねられて、大胆に消費を煽る宣伝スタイル、それに呼応してカジュアルな消費活動を楽しむ人々、モダン・ライフ追求が時代の主流であることが確認されていく。

とりわけ、家出していたおれんにお染が遭遇する松屋デパートの屋上空間は圧巻である。水族館・動物園さながらの巨大な水槽の魚群や猿が動き回る高天井の檻が見物客を集める。松屋のようなモダーンな大規模構造物が隅田川沿いに一つそびえるだけで周囲を威圧することは『乙女ごころ三人姉妹』の画面から看取できる。こうしたデパートの存在感やトーキー映画・蓄音機に代表される新しい音響メディアの包囲が歴史的時間を告げる。

だが際立つのは時代の波に乗れない者たちの所在なさである。一九三二年（昭和七）の原作短編は松屋の進出におびえる小売店の反発を織り込んだが、三五年の映画は原作の予測を超えた構造的変化――戦前と戦後を貫く産業合理化の趨勢、労働市場の二重構造と格差の再生産サイクル――を仄めかす。ＰＣＬはトーキーで創業し小林一三という大資本の傘下にあったが、『乙女ごころ三人姉妹』はトーキーという新テクノロジーの勝利をこれみよがしに祝賀しない。むしろトーキーの波及効果を見据え、失業する映画館の楽士や門付芸人という負け組の観点から同時代を捉えてみせる。

負け組の観点

『乙女ごころ三人姉妹』は公開当時、トーキー映画が発揮しうる音響効果の威力を観客に認識させた点を称賛された。進行役は音声が担い、おれん・お染・千枝子のいずれかが語り出すナレーションが効果音と調和して場面転換を促す。レビュー舞台の演奏、夜の街頭で女房の三味線で歌う演歌師の年季の入った節回し、ゆるやかに流れるチャルメラや工場のサイレン、隅田川を走る蒸気船の動力音、上野駅に響く乗車案内の声など巷の音と声が紙恭輔作曲のサウンドトラックの合間に挿入される。紙はこの映画でジャズを一切排し古めかしくて寂しげな旋律を提供した。同時代に漂う気配として強調されるのは、時代に追い詰められた者たちのうら悲しさである。本来、視聴覚的にもっと魅力的でありえた女芸人がことさらみすぼらしく描かれるのはこのためだ。お染には、溝口健二監督が『愛怨峡』で漫才師として生きるヒロインに与えたような僅かな輝きさえない。

一九三五年（昭和一〇）の門付女は近代化する労働市場から敗退を強いられる負け組である。お染たちは、かつて賤性と聖性の両方を帯びながら江戸の新春を祝って歌い歩いた門付女ではなく、祝祭的宗教性を剝奪された薄汚れた芸人の群れにすぎない。三味線を提げて酒場を回り、カフェーの酔客の注文にありついて歌おうとすると、女給がわざと蓄音機で民謡を鳴り響かせ追い出しにかかる。新時代による淘汰はお染を経済的に追い詰めるだけではなく彼女の価値を若い女性の身体の値段に切り詰める。潔癖なお染の自尊心に反して、男性客への性的サービスでチップを得るカフェーの女給は彼女を商売敵とみなし、料理屋の仲居や客は私娼扱いする。川端の原作は非人の女房・娘の仕事であった門付の歴史的沿革を挿入するが、成瀬の映画はそうした解説を省く。焦点化されるべきはお染たちの現在であるからだ。

一方で成瀬の演出は、おれんを追い詰めるために原作にない結核という不幸を加えた。松屋屋上で再会したお染とおれんは「飛行艇」（観覧車）の下で話し始めるが様子は冴えない。キラキラ光る隅田川の水面を見下ろし「幸せとも思わないが不幸でもない」と寂しく語るおれんは厭世的にも諦観の境地にも見える。詐欺恐喝の常習者だったおれんは、愛する男性と連れ添ってからは足を洗い幸福になったはずだった。だが「劇場の真面目なピアノ弾き」の小杉はトーキーのせいで失業した後に結核にかかって衰弱し、希望を失いすさんだ男女の関係は神経症的共依存となっていた。川端が描くおれんと小杉のドライでさばけた別れに代えて、成瀬の演出は死期迫る夫に寄り添う妻の情愛を強調する。それでいて生活に疲れたおれんが良妻のアイデンティティに充足しているようには少しも見えない。

諦観のおれんと対照的に、お染は三味線の腕を磨いて情況打開を図ろうと積極的である。だがお染が直面する困難は大きい。成瀬の演出はオペレッタと民謡という二つの音楽ジャンルの対比によって、お染の置かれた厳しい現実を照らし出す。

オペレッタと民謡

洗濯物を干す千枝子が朗らかにハミングするのは「唯一度だけ」の旋律である。これは一九三四年（昭和九）に日本でも公開された絢爛たるドイツ映画『会議は踊る』で、恋に酔いしれるヒロイン（リリアン・ハーヴェイ）が歌いあげた主題歌である。この頃、洋画を支持したのはクラシック音楽同様、学生やホワイト・カラーを中心とした文化資本を有する観客層である。ダンサーの千枝子は恋人の劇作家青山とのデートで『会議は踊る』を見たのか、人気オペレッタ映画の旋律は彼女を流行に敏感なモダン・ガールとして強調する。

「唯一度」に続くのが、養女お絹が下手くそに演奏する民謡「串本節（くしもとぶし）」である。和歌山の宴席唄「串本節」を広く世に広めたのは一九二四年（大正一三）に漫才師砂川捨丸（すながわすてまる）が吹き込んだレコードである。地方民謡に全国的な商業的基盤をもたらしたのはレコードだった。別場面で演奏される「鹿児島小原良節（おはらぶし）」も三三年のレコード発売で知られるようになったばかりである。この頃あちこちの「新民謡」（日本各地の町村が広報のために委託作曲させたご当地ソング）の作曲で引っ張りだこの中山晋平が鹿児島で見出した芸者・喜代三の歌として知られるが、レコード化に際してかなりアレンジされたものと言う（長田暁二、二〇一二）。

問題は、このようにレコード化された民謡がカフェーに据えられた蓄音機から響き渡るとお染たち門付に居場所を与えないことである。ノドの名調子を聞かせる大衆芸能が廃れていたわけではない。浪曲が戦前から戦後の高度成長期まで支持され続けたことは周知の通りである。画面にも男性演歌師が登場する。要は、音楽が蓄音機とラジオ放送を通じて一定の質を維持する演奏として親しまれる時代に、実演に宿るべきアウラの微塵も感じさせない拙いパフォーマンスは出番を失うということである。市場価値に換算されうる宗教的意義・芸術的個性・大衆的アピールのいずれも欠く者は淘汰されても仕方ない。『乙女ごころ三人姉妹』は、三味線を満足に弾けない妹分たちを率いて浅草で奮闘するお染に、トーキーに駆逐された小杉の同類として敗北を予告している。

母性へのこだわり

『乙女ごころ三人姉妹』は強迫観念的に正常な母性――子供を慈しみ養育する規範的な母親――に固執する。姉妹は「おっかさんがあんなでなかったら」と実母の冷たい態度を母性の不全として嘆く。彼女たちの心情はごく当たり前で普遍的反応に見えるが、母性に関して価値判断を持ち込む発想は近代的な意識によるものだ。母子間の情緒的結合を重視する風潮は、母性を規範化する言説が登場した明治以降の近代社会において一般化したからである。

さらに、ノーマルな母性がしばしば無力であることが千枝子と恋人青山の心中談義で了解されている。「うちの母さんが親子心中するくらい優しかったら」と千枝子は溜息をつき、娘たちを育てて図太く生き抜いた実母より、子供を道連れに人生を放棄した見知らぬ母たちに軍配を上げる。この価値判断の背後には当時の母子心中の頻発がある。メディアが親子心中と呼んだケースは恐慌以来、年間三〇〇件を越えて多発し、一九三五年（昭和一〇）も新聞報道が続いていた。親子心中の大半は母子によるもので、経済事情などで追い詰められた母親の犯罪だった。だが千枝子が青山に甘える語らいでは、母子心中はジェンダー化された悲惨な社会的犯罪ではなく、悲劇の高みに達した究極の母性による行為としてロマンティックに称揚される。むろん、こうした感傷的な会話が繁栄の分配に与（あずか）れない者を放置する社会への批判に結びつくことは決してない。

私娼扱いされた屈辱を抱えて帰宅した晩、お染は少ない稼ぎに嫌みを並べ立てるおっかさんと諍いになり、怒りを炸裂させる。けれども母がお染の願う通りのいたわりを示そうと示すまいと、お染の鬱屈がなくならないことは明らかだ。彼女は時代遅れの門付商売の困難に加えて、家族経済に束縛されているのだから。

家族経済の鬱陶しさ

『乙女ごころ三人姉妹』は芸人の親方が子方に芸を仕込んで稼がせる関係を図式的に視覚化することで特殊な所帯であることを強調する。おっかさんは娘たちが稼いだ銀貨銅貨を勘定するだけで時勢を理解せず、団子を買い食いする養娘たちに腹を立て折檻も辞さない。このおっかさん像を日本映画における継子いじめの系譜に位置づけることはたやすい。だが、やつれた林千歳が演じるおっかさんに元気旺盛な娘たちを束縛するパワーがあるようには見えない。娘たちは誰ひとり彼女に従わないのだ。彼女たちを拘束するのは戸主たる母の圧政などではなく家族経済の要請である。

この所帯を構成するのは血縁と養子縁組で結ばれた家族であり、おっかさんの差配で全員が働いて何とか生活している。お染一人が少しばかり三味線の腕前をあげたところで収入の増大はたかが知れているが、もし彼女が家出すれば家計の破綻は免れない。このような形態はとてもモダーンには見えない。だが日本の産業社会の観点からすれば、「家族」を単位にして労働と収入をセットにする形態は一九三五年（昭和一〇）において格別異様なものではない。

産業の構造変化は進行していた。一方で移入型の近代産業を代表する重工業界を中心に、男性熟練労働者が労働者を代表するジェンダー化、労働市場の二重構造化（大企業勤務者とそうでない者の格差）、雇用の近代化が拡大した。他方、移入型の近代産業ではない在来産業は地方の小型製造業を中心に多くの零細経営によって支えられた。零細経営ではもっぱら血縁・婚姻・養子等による「家族」が一家総出で働き、収入は家族単位である。この形態の下、家族構成員には近代的企業に勤める給与所得者が享受する生活の安定、労働協約による権利・保護がない。実際はこの形態が産業の二重構造が解消される戦後の高度成長期まで維持された。この映画で浅草の門付一家に割り振られた特殊性、非近代的に見える束縛は実は当時ありふれていたものである。

お染の鬱屈は個人の自由が謳歌されるモダーンな社会において、不均衡の不利な側に置かれた者の感覚であり、逃げることも変えることも容易にできない家族経済の重さに由来する。『東京ラプソディ』は芸者蝶々を「古さ」の記号にする虚偽を働くが、『乙女ごころ

『三人姉妹』はお染の鬱屈を通して現実に迫る真正さの表象を追究したと言えそうだ。

千枝子の負い目

門付一家は社会的周縁に位置するが、彼女たちが根底に抱く価値観は意外にも、結婚重視の従来的ジェンダー規範に則ったものである。

レビュー・ダンサー千枝子の日常は流行の洋装ファッションから舞台裏の談笑に至るまで時代遅れの稼業で苦闘するお染の生活と鮮やかに対置される。だが千枝子のモダン・ライフはお染の忍耐で贖（あがな）われており、千枝子からお染に給付されるものは何もない。千枝子は負い目を感じているが、母とお染が無垢な千枝子に願うのは一般家庭の娘並みの幸福、堅気（かたぎ）の男性との結婚である。肉親の賤業が彼女の結婚を妨げないよう母とお染が決意していると、千枝子は青山に打ち明ける。「お前にいい人が出来たら、親子姉妹の縁を切ってやるって、母さんも姉さんもよ」。

女芸人があくせく働いて軽蔑される一方、正式な伴侶と暮らす主婦は敬意を払われるのだから、母と姉は絶縁してでもそうした世界に千枝子を送り出したい。結婚への期待は、この映画全体で強調される「母性」と相俟って中流家庭のステイタスを目指す。専業主婦という規範的モデルによって一般女性を囲い込むようになる家庭像こそ、この門付の家族が千枝子のために想い描く理想である。実際のところ千枝子には結婚以外に将来性のある選択肢はない。一九三〇年代に自由を謳歌するつましいモダン・ガール千枝子は『東京ラプソディ』のハト子同様、自活が難しい安い労働力であり、法的には行為無能力者であり、最終的に「いい人」に依存するしかない。男性に保護されるべき千枝子は女性を二流市民化する社会的現実に対応した典型的表象に他ならない。

お染の無報酬

クライマックス近く、おれんは千枝子の恋人と知らずに青山を欺して不良仲間が待ち受ける店に案内して立ち去る。これを見掛けたお染が店に飛び込み、恐喝されていた青山を庇(かば)ってやくざ者にナイフで腹部を刺される。おれんはこうした事情を一切知らぬまま小杉と共に上野駅から旅立つ。忠実な妻という唯一の美徳のおかげでおれんはささやかに報われるわけだ。一方、お染は腹部の激痛を我慢しながら上野駅に駆けつけ、事情を語らず笑顔でおれんと小杉を見送った後、駅のベンチに崩れる。追ってくる千枝子と青山が倒れたお染を発見することを予期させて映画は終わる。

姉と妹の幸せを守ってもお染は自分のためには何も達成できない。おれんや千枝子と違って男性に人生を託す気がなく、時代遅れであろうとも経済的・精神的独立を目指して余念なく三味線の稽古を続ける。お染のこの奮闘は成功(サクセス・ストーリー)譚にならない。あたかも女性に不釣り合いな強い自立志向ゆえに、人生の敗北を受け容れて諦観したおれんよりも生意気でしぶとい反体制分子として押しつぶされねばならないかのようだ。男性が労働のイメージを占有し、経済全体が近代化することで総力戦を可能にする流れのなかで、異端としてお染は無残に屈服させられる。

おれんのあがきと諦観、千枝子の無垢と無力、お染の気骨と致命傷はそれぞれ同時代を要約する意味ある姿として呈示されながら、その意味がたちどころにかき消されることで女性たちの限界が見せつけられる。『乙女ごころ三人姉妹』は、モダン・ライフ全盛期における女性たちをジェンダー化された敗者として描出するドラマとして完了する。

トーキー遅滞の多義性

『乙女ごころ三人姉妹』はトーキー専門のPCLにとって作品の多様性を示す一例にすぎない。モダン・ライフに消極的に追随する傾向を代表するのは、トーキーが一般化した後もなおサイレント映画を製作し続けた大都映画だろう。

一九三〇年代後半にサイレント映画製作を続けたのは弱小な製作会社だが、人気と製作力において大都映画は別格の存在だった。大都映画のトーキー化は遅く、日中戦争下でサウンド版（音楽・音響のみ入る折衷的形態）の製作を経て導入された。このトーキー導入の遅滞を単に会社の資本規模に比例するものとして片づけることは適切ではない。大都映画はトーキー上映の設備投資を直ちに行えなかった無声映画館のニーズに対応して独自の商機とした。トーキー化完了までの数年間に大都作品は全国で約三〇〇の無声映画館に配給されたのである。さらに、トーキーが主流化した時期に大都のサイレント映画を根強く支持する観客が存在した事実が、この時代の映画文化の様相、「映画観客の二重構造」と呼ぶべき階級的な仕切りをもった文化の側面をユニークに照らし出すのである。

映画は大衆の誰をも観客として受け容れる最も民主的な娯楽である。だが当時の観客の間には教育水準・社会階層に応じて文化資本の大きな格差が存在し、これと強力に結びついて映画の嗜好にも明白な差異があった。戦前の日本映画製作では綿密なマーケティングが行われたわけではないが、いわゆる大衆観客が一枚岩でないことは経験的に認識されていた。多様な観客の間には身分的感覚を濃厚に帯びる人間関係（親方・徒弟や業種ごとの慣習・儀礼）でなじんだ機微がある一方、都会的スマートさ、流行のファッションへの憧れ、人間関係を合理的思考で割り切る現代的人間像への関心があった。教育水準やジェンダーで異なる嗜好の多様性、ジェンダー規範へのこだわりと逸脱への許容度に違いがあることもそれなりに意識されていた。

さらに、製作サイドはそうした差異が地理的な文化格差として出現することも認識していた。都市の興行に成功した作品が地方で惨敗することは珍しくなかった。当時地理的な文化格差として認識された問題は、感性と価値観における近代性の拡大が全国の国民の間で不均等に進行した現象であることを伝える。都市と地方はもちろん、都市と近郊の間にも、東京内部にさえ観客層の差異が指摘された。庶民的・地方的と言われた浅草、ホワイト・カラーの丸の内、インテリと学生の新宿といった地域ごとの偏差は戦後の高度成長期まで持続したと言われる。こうした現象は、都市で駆逐された弁士付きのサイレント映画上映や前述した門付の活動が地方によっては一九六〇年代まで存続したことと相関するものだろう。

観客の多様性と特定の嗜好を考慮して製作された映画は、映画会社の作風の違いによって芸術性・技術水準・商業的価値が異なった。大衆観客はそうした違いを感じ取って彼らの好む作品を見に映画館に足を運んだのである。特徴的に大都映画は労働者の男女をターゲット層として彼らに向けて製作した。結論を先に言うと、大都映画の商売繁盛こそ、三〇年代を貫くモダン・ライフの最盛期においても近代的・進歩的・合理的と形容されるべき感性や価値観に対する支持が社会全般に均一な広がりをもったわけではないことを明白に証拠立てるものである。

土建屋の始めた映画会社

大都映画は土建業の河合徳三郎が巣鴨の撮影所をベースに一九二七年末に創業した河合映画を前身とする。好調な河合映画が三三年、資本金七〇万円の株式会社大都映画へ改編改称されたのである。創業者河合の意向で安く楽しくという独自のＢ級路線で快進撃を続けた。本編から添え物映画まで短期間に製作し、本数において松竹・日活を凌駕する勢いは大都映画が消滅した年まで維持された。だが低俗と貶される作品が多く、少数の佳作は大概、人気のあった国内外の他社作品を無断で焼き直したものだった。日本映画はすでにオリジナリティを追究する段階に達しており、大都の臆面もない模倣を嫌った『キネマ旬報』は大都作品の批評を省略することが多かったが、興行価値には言及した。北海道から九州まで数ヵ所に営業所を置き、全国に大都作品しか見ないという熱烈なファン層を築いた大都映画の観客動員力は到底無視できないものだったのである。

かつて一九二〇年代の日本映画は洋画と対比されて後進性を非難されたが、三〇年代の芸術的成長はスクリーンにおける現代性の表象を論じる批評を促すほど著しかった。だが観客すべてが芸術性の向上を求めたわけではない。現代性をアピールする主要映画会社の意欲作や西洋言語を話す洋画の高級感に興味も親しみを感じない人々もいた。大都映画の

表1　日本映画製作概況(1928-45)

年　　度	製作本数	松竹	日活	河合/大都	新興キネマ	PCL/東宝	観客総人口
1928(昭和3)	651	114	107	64	—	—	181,279,288
1929(昭和4)	659	111	96	79	—	—	192,294,256
1930(昭和5)	651	117	101	85	—	—	198,175,447
1931(昭和6)	595	122	80	103	33	—	206,994,908
1932(昭和7)	507	103	74	99	107	—	220,714,861
1933(昭和8)	封切 483	92	87	103	101	2	225,265,826
1934(昭和9)	411	93	80	104	96	8	244,389,636
1935(昭和10)	460	85	62	109	96	18	235,135,679
1936(昭和11)	547	84	66	106	96	28	251,652,380
1937(昭和12)	583	92	96	110	93	75	294,049,008
1938(昭和13)	563	91	91	103	65	75	349,411,060
1939(昭和14)	556	94	87	102	97	67	419,787,728
1940(昭和15)	封切 497	84	72	87	85	76	440,274,671
1941(昭和16)	封切 232	42	44	36	55	45	不　明
1942(昭和17)	封切 87	26	10	4	5	22	463,272,683
1943(昭和18)	封切 61	20	—	—	—	22	不　明
1944(昭和19)	封切 46	16	—	—	—	13	不　明
1945(昭和20)	封切 37	12	—	—	—	12	不　明

映画会社・内務省等による複数の資料から作成.

成功は、映画の観客層が子供・大人、教育程度の高低、ジェンダーを問わず幅広いものに膨れあがった過程で生じた文化資本の格差による嗜好の違いに着実に対応した点にある。大都映画が行った観客層のターゲット化は明確だった。

荒くれ者を束ねた土建業経営者として世情に通じた河合徳三郎がプロデューサーとして狙った観客層は、彼が人情の機微を察知できる人々、ごく限られた教育しか受けず、それほど賃金・待遇・将来性に恵まれない環境で働く男女だった。大都映画は小学校卒の丁稚奉公人や職工、女工・女中・女給といった人々を楽しませるために、豪華でも先端的でもないが多彩な娯楽作品——石山稔監督の時代劇、吉村操監督の現代劇メロドラマ、ハヤフサ・ヒデト主演のアクション映画、気軽なコメディ映画まで——を製作した。芸術的卓越を目指さず、主要映画会社の十分の一とも言われた低予算で製作した映画を低料金（松竹が五〇銭なら三〇銭）で見せたのである。この戦略は当たり、都市でも地方でも大都映画こそ彼らの映画として愛する忠実なファンが新作を待ち望んだ。

模倣の効用と昔気質の供給

主要映画会社がトーキーでの表現を開拓していた間、大都映画は時代遅れのサイレント映画の製作を続けた。だが他社の人気作品を模倣したおかげで大都の撮影技術や演出は必ずしも停滞的ではなく、新鮮さの効用はよく了解されていた。

現存する大都作品は少ないが、模倣でもチャチでも流行風俗としてのモダーンを視覚的魅力として取り込む積極性は明白である。美人女優たちが映える衣装からアクション場面を格好良くスピーディに見せるためのロケ撮影まで、ターゲット観客層にそっぽをむかれない努力として現代化が行われた。そうすることで古いストーリーの焼き直しや際物的発想というかつての無声映画にありふれた傾向をなおも保持する大都作品にそれなりの目新しさが注入されたのである。

模倣例には、琴糸路主演版『琵琶歌』（吉村操監督　三七年）も含まれる。一九一四年（大正三）に初めて映画化されて以来、八度目で最後の『琵琶歌』である。前章で述べた通り、松竹の三三年版が差別の論理を犯罪者とその家族に対する忌避に変更する近代化を行っており、大都版はこの先例にあっさり追随した。

図15　『琵琶歌』（琴糸路と水島道太郎）

大都映画が積極的に模倣しなかったのは、登場人物の造型や人間関係の描写に知性化され割り切った現代感覚を持ち込むことだったろう。大都の現代劇には革新的価値観や抽象思考を振りかざしたり、複雑な心理をもつ人物は登場しない。大都ファンを困惑させる難しい理屈は無用なのだ。同時に、もっぱら社会的に低い地位にある者の観点が導入され、身勝手な奥様・旦那様、お高くとまった令息・令嬢たちは嫌悪と不信の対象となる。昔（むかし）

気質(かたぎ)の人情と義侠心を発揮するのはしがない酌婦や職工であり、金持ちに貧乏人の味方を期待してはならない。と言って、貧富が人々を隔てる現状は否定されもしない。

ごひいきの観客たちの好みを尊重する大都映画は決してごりごりの保守でも左翼でもなく、根本的に非政治的な個人の消費文化モダン・ライフを承認している。大都映画のスタンスは、ＰＣＬの『乙女ごころ三人姉妹』が強調した夫婦中心の核家族と愛情ある中流家庭を理想化する価値観を共有しながら、それが叶わない階層の感覚に寄り添うものだ。

貧乏なシングル・マザーの奮闘『乳房』

現存する琴糸路の作品から指摘しよう。今日では知る人も少ないが、琴糸路（一九一一～五六）は「悲運に耐える女」で本領を発揮したお涙頂戴映画のチャンピオン女優である。美貌と実力は大会社の人気女優にいささかも引けをとらない。一九二八年（昭和三）に始まった琴糸路の映画人生は河合・大都映画生え抜きスターとして多忙で、現代劇で女工・女中・女給・旅芸人を含む多様なヒロインを演じ、時代劇にも清楚な武家娘や奥方で助演して一三年間で三〇〇本近く出演した。

三七年三月に公開された『乳房』（吉村操監督）は、琴糸路定番の泣かせるサイレント映画である。大都オリジナルのようだが、故郷を離れた娘が都会で苦労する「女工哀話」は古めかしく一九二〇年代のサイレント映画かと錯覚させる。栗島すみ子による気骨のある底辺の女と違い、琴糸路扮する善良だが愚直なヒロインは狡い人間たちに徹底して搾取される被害者である。運命を切り拓く知性・才能はもちろん虚無的反逆性の一片さえ見せない。だがベテラン吉村操の手馴れた演出に琴糸路の清廉なスター・アウラ、そして弁士の語りが加われば、無学無能で情けないはずのヒロインは母性に支えられ微塵の邪心もない気高い女性に昇格する。

『乳房』の冒頭、乳飲み児を抱えたヒロイン静枝が潮来の兄作造を頼って貧しい家を訪れる。静枝は女中奉公先の息子と恋仲になり棄てられた経緯を明かさず、娘房枝（八田なみ志）を兄夫婦に預け、東京に舞い戻って化粧石鹸の箱詰めをする町工場で働く。だが欲張りな義姉お茂から養育費と称して金をせびられ、何年も無理を重ねて病身となる。しかも離職して帰省する途中、性悪な女工とその情夫に退職金と貯金を強奪される。路上に倒れた静枝を助けて自宅に引き取るのは酌婦の喜美である。一方、お茂から虐待を受ける幼い房枝は、静枝を慕う汽船操舵士健次（水島道太郎）に母に会いたいと懇願する。房枝は健次に伴われ、喜美の家で母子は対面を果たすが、静枝は母の愚かさを詫びて死んでいく。

特徴的には、ヒロイン静枝が未婚のまま子供を出産したことは不祥事として事件化されない。静枝の行動の是非は問われず、性道徳上の糾弾を免れる。妹を迎えいれた兄作造の観念した態度は大都の観客層が抱く世間の理解に歩み寄るものかもしれない。下層女性が女中などの奉公先で性的に搾取される事例は珍しくなかった。同様に、貧乏人の女房であるお茂が慰謝料欲しさに相手の名を質す姿も自然だろう。静枝の沈黙は娘の父親である男性に好都合なだけだ。それでも琴糸路の毅然とした表情は、身分違いが妨げた恋を私秘的なものにとどめようとする静枝を意志の強い大人の女性として輝かせる。

だが、打算なく生きる静枝は幸福になれない。女中から女工への転身は彼女の境遇を少しも有利にしない。常に経済的に苦しい静枝は婦人雑誌の話題で興じる女工仲間のささやかなモダン・ライフからも隔絶している。貧しい女工たち、酌婦たちが静枝に寄せる好意は温かいが何も変えることはなく、健次の慕情も空しい。娘の認知と養育費を要求しない静枝の意地と遠慮は娘房枝に父のない子として社会的・経済的ハンディを負わせる。不遇な房枝の将来は母を喪うことで更に過酷になることが暗示される。懸命に生きても容易に幸福をつかみ取れない人生の再生産、これが世の常と言わんばかりである。『乳房』の社会理解は既存の社会秩序に対して無気力なまでに諦念的である。だが、だからこそ琴糸路が不運なヒロインに宿らせる稀な美しさは、つましく生きる観客たちを肯定し励ます大いなる慰めでありえただろう。

琴糸路のメロドラマはお手軽に泣きたい女性観客にカタルシスを約束する作品として供給され、確実に観客を惹きつけた。大都映画は成長や変革を期待も促しもしない。こうした映画群が、毎日同じように繰り返される労働生活の憂さを晴らし、翌日もまたその労働に向かわせる効用を観客にもたらしたなら、それはまさに「文化産業」の著者らが喝破した通り「労働の延長」としての娯楽である。

だがそれだけではなさそうだ。衰え知らずに高まる大都映画の人気は当時の批評家や主要映画会社の理解を超えていた。映画会社が一方的にあてがった映画を漫然と受け容れたというより観客自身が彼ら彼女らの映画として積極的に選択したと解すべきだろう。大都映画を見に来る観客は今流行のトーキー映画でなくて構わない人たちだった。一九三〇年代の日本は貧困問題に加えて、いまだに「身分」という言葉が威力をもつ階層社会の位相をとどめていた。近代性の拡大は長期的にはこうした現実と意識を溶解させ消滅させる方向に進んだが、新しく改変し続けることを是とするモダーンの風潮に必ずしもなじめない人々が存在した。彼らが好んだのは、発展を信じてモダン・ライフを謳歌するトーキー映画ではなく、大都映画の安っぽいサイレント画面で下層に帰属するヒロインが前に進めずあがく姿に同情の涙を流すことだったのである。大都映画の根強い人気が示すのはこの心性にほかならない。

モダン・ライフに漂うキナ臭さ

映画検閲の許容

一九三〇年代の市民生活には国防を目的とする試みが導入された。だが一般に、大規模な防空演習は近所の手前協力する時たまの行事でしかなく、政府が後押しする航空・自動車業界の発展や、空に憧れる少年たちの飛行兵応募は新聞のトピックにすぎなかった。戦争が祖国を焦土にするなど夢にも思われず、ただ国防の意義が広く受け容れられていた。これは市民の感覚だけではなく、検閲においても同様だった。

映画検閲は二〇年代以来、公開前の映画を基本的には二つのカテゴリー「風俗」（性表現）・「政治」（左翼思想）に照らして判断し、「問題あり」と見なせば該当部分を容赦なく切除させた。長期化した日中戦争下で検閲は女性の喫煙などスクリーンから締め出す規制強化を断行したが、それ以前の段階で検閲が映画に求めたのは要するに、体制に順応するスタンスの表明だった。そうする限りにおいて、たとえ国防につながる要素を取り込んだ作品が、モダン・ライフの中核である、「公」より「私」を優先する価値観を女性たちに語らせても、検閲から問題視されることはなかったのである。このセクションでは、日中戦争開始前の検閲が許容した発想と表現をいくつかのケースで確認しておこう。

非難されない母のエゴ

「若鷲」と呼ばれた少年飛行兵の募集にはこの頃すでに植民地を含む帝国中から数千人が応募する人気があった。これに目をつけた松竹が海軍省の後援を得て製作したのが『少年航空兵』（佐々木康　一九三六年）である。

少年二人の成長を対比させるドラマ構成は戦争を背景とする青春映画の定石通りで、主人公誠一は念願通り少年航空兵となり、挫折した友人三郎は民間パイロットになる。だがこの企画に好意的な批評が苦言を呈した通り、見所は航空兵の養成課程を紹介するドキュメンタリー部分だけで、おざなりなドラマは緊張感を欠く。「国家非常時」や「戦争があるのか、どこの国が相手だ」といったセリフが飛び交っても一貫して間抜けたのどかさがある。また本筋に関係なく、華美なドレス姿の令嬢節子（三宅邦子（みやけくにこ））がアメリカ車を運転して飛行場に恋人を迎えにくるシーンが突如現れる。余計な挿入だが松竹モダニズムの刻印なのである。

唯一切実なのは、庶民派女優の代表格飯田蝶子（いいだちょうこ）が扮した誠一の母おたかの心情である。誠一の父良平は一九一八年（大正七）の青島（チンタオ）戦（第一次世界大戦）で負傷してから寝たきりで、おたかと祖父治助が農家を維持している。おたかは農家の跡継ぎである一人息子の誠一をどうしても家に留めておきたい。国家への奉仕より息子の意思の尊重より「家」の事情を優先して、誠一宛ての海軍航空隊からの合格通知を隠してしまう。これは飯田が扮する実直な農婦の苦渋の判断として描かれる。事情を察知した良平がおたかを「おまえは欲が深い」としみじみ諭し、おたかはようやく誠一を航空隊に送り出すのである。

一九三六年（昭和一一）の検閲はこの母親の心情を卑小なエゴとして否定しなかった。私の事情を優先して公的機関からの通知を秘匿する態度は非難を免れ、モガと飛行機を組み合わせて格好良さを狙った演出の軽薄さが嫌悪されることはなかったのである。

燈火管制の闇と妊娠

別例は松竹の大作『新道』である。田中絹代ら豪華キャストが配され、五所平之助監督は前述の『伊豆の踊子』と対照的に、細部まで菊池寛の原作小説を尊重した映画化を行った。小説・映画共に、前半で未婚ヒロインが自分から男性に交際を求める積極性が時代の先端であるかのように描きながら、後半で彼女の妊娠騒動をきわめて保守的に解決してみせるドラマである。

外務省高官・宗方子爵の令嬢朱実（あけみ）（田中絹代）は避暑先の霧ヶ峰で一平（佐野周二）と出会う。一平は富裕な旧家の長男で、やはり当時の飛行機フィーバーを反映して民間パイロットに設定されている。ある日、宗方邸を訪ねた一平を朱実は帰そうとせず、二人は燈火管制の闇の中で結ばれる。この結果、朱実は妊娠するが一平の墜落死によって窮地に立つ。妊娠は父を激昂させ、世間知らずな朱実は家を出て一人で産んで育てようと考える。だが、一平の弟の良太（上原謙（うえはらけん））は女性の職業生活を評価せず、朱実に結婚を申し入れる。朱実が生む兄の子を良太の実子として入籍するという。この提案で朱実の結婚話が成立すると、安堵した宗方子爵は豪華な結婚披露宴を執り行う。朱実の男児出産までに朱実と良太の心はすっかり通い合う。朱実ほど経済的境遇に恵まれない従姉（いとこ）歌子（川崎弘子）は画家野上（佐分利信（さぶりしん））との恋を貫けず、安定を望んで不本意な結婚をする。悔やむ歌子を尻目に、愛する夫と子を得た幸福で誇らかに人生の勝利を宣言する朱実の姿で映画は終わる。

上流階級のモダン・ライフを描く映画『新道』は公開当時、ロケ撮影と室内セットを凝らした風俗描写を評価された。朱実が行動する空間は、家族の避暑地信州の光景、輸入インテリアに囲まれて召使いが立ち働く邸内、一平が住む旧家の佇まい、銀座のレストランなど一貫して贅沢で華やかである。

意外なことに検閲は防空演習のために実施される燈火管制下での未婚男女の性交渉そのものを問題にしなかった。お堅い検閲は『新道』前半で歌子と恋人野上の濃厚なキスや朱実が一平にキスを迫る場面など「風俗」を理由に総計三二六メートルを削除させた。最大の削除箇所は朱実と良平の燈火管制下のラブ・シーンの間の九六メートルである。だが国防の観点に照らして不謹慎と判断されてもおかしくない場面が丸ごとの削除を免れたのである。この検閲の緩やかな扱いは平時における許容度を示すものである。

さらに、出産に際しての朱実の発言も戦争前であることと無縁ではない。朱実は良太に生まれた子が正常でないなら彼女に知らせず始末してほしいと（映画は小説より婉曲に）依頼する。この場面は妊婦の不安を打ち消す良太の優しさを印象づけて終わるが生々しい。朱実は単に不安なだけでなく優生学的立場を取るとも解釈できる。だが重要なのは、女性が出産にまつわる不安を吐露する描写が可能であった点である。これも平時ゆえに許されたものだ。日中戦争下で日本政府はデリケートに揺れる妊婦の心情を顧慮せず、出産を公的行為に位置づけ「産めよ、殖やせよ」と煽った。その風潮を背景に女性個人の重要なライフ・イベントでの心理を繊細に表現するメディアはなくなってしまうからである。

恋愛リスクの階級差

理知的なモダン・ガール朱実は富裕な家の娘として消費するだけの生活を送る。女学校卒業後、働かずに自由気儘に暮らす令嬢キャラクターは大都・松竹を問わずに頻繁に登場しており、朱実はその一例である。だがゴージャスな『新道』は朱実を通じて恋愛において女性が負うリスクに明らかな階級格差があることを見せつける。

戦前の女性にとって望まない妊娠は恐ろしいものだった。貧乏なシングル・マザー静枝を思い出すまでもなく独身女性が出産・養育を選択することは負担が大きく、（医療処置を別として）中絶は刑法犯罪として処罰された。日活の映画女優志賀暁子（しがあきこ）の堕胎罪を審理する裁判経過が報道されたのはこの一九三六年（昭和一一）のことである。効果的避妊法も性病治療の抗生物質もなかった時代、性関係に大胆なモダン・ガールが勝ち組でいるには妊娠と性病を免れる強運が必須だった。朱実の従姉歌子が恋人野上にどんなに迫られても応じないのは彼女がリスクを無視できるほど特権的境遇にないからである。

ところが令嬢朱実の妊娠には便宜的結婚という解決手段が提供される。『新道』の描く上流社会では体面を保つことが即、道徳的であることを意味しており、エリート・ビジネスマンの良太を宗方子爵は婿として歓迎する。体面を重んじる両家の合意でトラブルは消えてなくなる。朱実のような上流子弟にとって、理性とはジェンダーと階層で細分化された社会的ポジションに応じて自分が享受できる特権を了解する分別にほかならない。努力なしに何でも獲得できる立場にある朱実は、人生の安定と引き換えに恋を諦めた歌子を憐れみつつ「私は間違っていなかった」と臆面もなく自己満足に酔いしれる。

三六年の検閲は『新道』がブルジョワ娘の自己陶酔で終わることに問題を見出さなかった。朱実のような言動が個人主義としてスクリーンから締め出されるのはまだ先のことである。

同時に強調したいのは、『新道』が描く富裕層の社会理解と、前述の『乳房』が労働者観客に示した社会認識はコインの表裏のように相互補完的関係にあることである。両作品は共通して貧富の差による社会的不均衡な状態を「秩序」として承認している。階級あるいは身分という区分や、経済／文化資本の程度によって人々は分断され、各自の立場に応じて許容され制限される相対的自由があるだけで、これを弁えずに調和を乱す越境は歓迎されない。『新道』と『乳房』はこうした感覚を表現することでむしろ現実を規定し、秩序に従う生き方を推奨するのである。

次章で述べるように、この秩序は日中戦争下の映画でも変わらずに維持された。やがて戦争の長期化によって「国民統合」の必要が認識された時、検閲と映画製作は態度を変えるのである。

危険とみなされない女たち

一九三六年（昭和一一）の検閲は既存の社会秩序に対する女性からの批判を容認した。溝口健二監督の『浪華悲歌（なにわえれじい）』『祇園の姉妹（きょうだい）』である。反逆的なモガ・ヒロインはトーキー化で得た「声」で男性が支配する社会の欺瞞と抑圧を弾劾する。両作品とも今日では映画の古典だが、弱小（マイナー）な第一映画による野心作として誕生した。

『浪華悲歌』で電話交換手のアヤ子は、父の金銭的苦境を救おうと金持ちの妾になったり好色男から金を巻き上げたりするが、結果的に「不良娘」の烙印を押され社会からも家族からも疎外される。『祇園の姉妹』の芸者おもちゃは姉のように男に利用されまいと徹底して打算的に振る舞い、恨まれて大怪我を負う。彼女たちの反逆性は既存の支配秩序を批判するにあたって戦前の日本映画が検閲制度との交渉から引き出し得た表現の限界である。だが言い換えれば、検閲にとって、かつての左翼傾向映画からの社会告発と異なり、二流市民でしかない女性の異議申し立ては問題視に及ばないと判断された証でもある。

これに相関して、朝鮮人少女の登場が許された『有りがたうさん』（松竹　三六年）に触れよう。検閲は通常、貧しい朝鮮人労働者の姿がプロレタリアートとして政治的に認識されることを警戒してスクリーンに現れることを許さなかった。『有りがたうさん』が削除を免れたのは清水宏監督の抒情性を強調した演出のゆえである。優しい面差しで白いチマチョゴリ姿の娘は、日本各地をダムや道路などのインフラ建設のために移動する朝鮮人労働者の一人ではなく、父の墓を案じながら「日本の着物を着てみたかった」と心情を吐露して遠くへ去る女性として印象づけられる。この結果、検閲は感傷的なメロディーと共に消える彼女の姿に植民地主義批判の政治性を見出さなかったのである。

要するに検閲にとって、スクリーンで女性の憤りや哀しみを通じて明示・暗示されるものは、大日本帝国の不正を暴いて統治を脅かす大それた危険ではなく、日本映画お得意の「不幸な女」という陳腐なカテゴリーで矮小的に一括すれば足りるものだったのである。

「満洲建国の人柱」

最後に、珍しい映画『靖国神社の女神』（サウンド版・不完全な無声版のみ現存）に触れよう。実在した女性の伝記映画である。川添しま子は建国当初の満洲国に駐在した日本人警官の妻であり、一九三二年（昭和七）八月、「匪賊」の襲撃に自ら銃を携えて抗戦し壮烈な死を遂げたのち、靖国神社に祀られた。三六年の公開当時かなり有名だった彼女の愛国美談を映画化したのは、トーキー映画が作れない泡沫会社合同映画社だった。

と言っても、国家の使命に殉じた女性の伝記映画に対して官民は丁重な敬意を払った。「関東局原案」の教育的な劇映画ということで『靖国神社の女神』は、靖国神社はもとより拓務省・植民地総督府・十八道府県警察・愛国婦人会・国防婦人会からの後援が謳われ、文部省推薦も受けた。

映画は冒頭で川添しま子の出身地高千穂をドキュメンタリー映像で紹介してから、地味な女優川島奈美子主演のドラマに入る。スクリーンのしま子は親兄弟に尽くす姉娘、小学生を慈しむ教員、良き妻、満洲では貧しく無学な中国人を善導する植民者と、あらゆるアイデンティティにおいて模範を体現する女性である。中川紫朗監督はサイレント最盛期に時代劇の量産でならした老練者で、同じ三六年、後醍醐天皇の忠臣楠正成(くすのきまさしげ)の没後六〇〇年記念映画『小楠公(しょうなんこう)とその母』を撮っている。中川監督には天皇を戴く国の臣民を描く点で楠正行(まさつら)も川添しま子も共通したモチーフであったろう。

『靖国神社の女神』は人気・評価とも高い映画ではなかったようだが、『キネマ旬報』の批評は忠烈無比の日本人というテーマを厳(おごそ)かなものとして「一般映画とは別種の興行価値」を認めていた。検閲や官庁に対するおもねりではないことは確かだった。

モラトリアムとしての銃後

モダン・ライフと戦争の連携

銃後のモダン・ライフ

一九三七年（昭和一二）七月七日の盧溝橋（ろこうきょう）事件は四五年まで続く長い戦争の発端となった。日本軍は中華民国政府の首都南京を夥（おびただ）しい残虐行為と共に占領したが三八年の春を迎えても終わりは来なかった。予期しなかった長期化の懸念が総力戦体制の整備を日本の急務にした。三八年四月に公布された国家総動員法の下、諸制度が新たに導入され民需の労働力・物資が軍需に転換されることとなったのである。自由市場経済は国家が資源配分を決定する統制経済に移行し、国民生活は変化し始めた。

当然ながら大衆が自分勝手に消費するモダン・ライフは否定されねばならない。三八年、警視庁はパーマを行う美容室の営業規制やダンス・ホールへの女性客の入場禁止を通達した。当該業界は打撃を受けたがパーマもダンス・ホールもすぐには消滅しなかった。当局に睨まれながら営業を続けた全国のダンス・ホールが最終的に閉鎖されたのは二年後の四〇年一〇月末である。実は、こうした時間的猶予はダンス・ホールだけのものではなかった。生活簡素化を促した「国民精神総動員」にお構いなく、人々は映画にビールに観光旅行に可能な形態で消費を続けたからである。

こうしたモラトリアムの銃後に対応して日本映画のスクリーンではもっぱら戦争そっちのけで事変前と相変わらず多様な男女があぁでもないこうでもないと彼らの恋愛・結婚、仕事や人間関係などごく個人的な事柄で悩み喜んでいた。銃後と呼ばれながら三八・九年の日本はモダン・ライフを放棄する覚悟も気配もない社会だったのである。

戦争長期化への貢献

強調したいのは、こうしたモダン・ライフの継続が戦争に無関係な現象どころか、まさに戦争の長期化に貢献したと考えられることだ。それは戦争を継続するための国の施策や軍需景気と相俟って、戦死者・障害者を増やし続ける戦争の膨大なコストに対する日本人の批判意識を麻痺させた。対ソ戦を仮想して形成された日本の備蓄が中国との戦争に費やされていた間、モダン・ライフを継続する社会の余裕が日本人の厭戦感覚を尖鋭化させなかったのである。

戦争継続に貢献したモダン・ライフの効果を意識しながら、本章は前章同様、多様な女性たちが活躍した映画を取り上げる。前章と異なるのは、戦時下のモダン・ライフを描くドラマは統制経済が進行する社会を背景にすることである。後述するように、この当時、統制という言葉は肯定的ニュアンスをもっており、日本経済の再編成を説く議論に関心が寄せられていた。したがって、この時期のスクリーンで見極めるべきは、モダン・ライフが前提とする既存の資本主義秩序に対する認識の微妙な変化である。同時にドラマにおける消費生活水準にも注意を払い、映画が表象した銃後を検討する。

戦勝利得へのこだわり

日本政府のスローガンは戦争を東洋平和の長期建設と謳い、メディアはさまざまな識者の胸算用を伝えた。戦勝利得として中国の天然資源・安価な労働力・人口四億の市場へのアクセスを見込むビジネス試算の非現実性を経済学者が指摘しても、東宝ブロックの総帥小林一三を含め日本が中国をどう経営すべきか熱心に語る論客が多数遍在した。だが長い戦争を遂行可能にしたのは日本国民自身の積極性である。国民の間に戦争終結を望む声がなかったわけではないが、それが統一された国民全体の要望として形成されることはなかった。領土・賠償金を中国から獲得することを要求し、得るもののない平和なら歓迎しないという帝国主義的主張が特定の地域・社会階級に限定されず多かったのである。領土拡大で土地所有を夢見る農民から、中国をバネにした経済成長を期待するブルー及びホワイト・カラーまで「無敗の皇軍」の戦勝がもたらすはずの利益にこだわりがあった。

こうした態度の根底には生命の損失に対する鈍感さがあり、中国人の生命同様、日本人同胞の生命も尊ばれなかったことを意味する。兵士となった誰かの死傷に対して多くの日本人は驚くほど寛容であり続けたと言わねばならない。そうした鈍感さについてもスクリーンに現れる銃後のモダン・ライフは示唆をもたらすだろう。

当初の戦争劇映画

戦争は国家の重大事である。映画会社は盧溝橋事件後、すぐに戦争支持を明らかにした。松竹は女優一五〇人がいっせいに大日本国防婦人会いわゆる国婦に入会すると発表し、八月早々、田中絹代を筆頭に桑野通子・川崎弘子らの名を連ねた松竹大船撮影所分会を結成させた。ＰＣＬは「映画報国」として全作品の巻頭に「挙国一致」等と明記したタイトルの挿入を決定し、八月二一日公開の『お嬢さん』から実施した。こうした動きはたちまち他社の撮影所にも拡がった。

一方、戦争は映画会社にとって商機である。各社はビジネス感覚を働かせて時局にかこ

図16　大都映画の『進め皇軍』広告

つけた作品を提供した。即製を持ち前とする大都映画は『進め皇軍』（吉村操）を七月末に公開し、日活の『銃後の赤誠』（水ヶ江竜一）やＰＣＬの『北支の空を衝く』（渡辺邦男）などが続いた。松竹は男女のスターを並べた『進軍の歌』（佐々木康）を一〇月に公開した。『進軍の歌』は労働争議のせいで投獄された左翼男性（佐分利信）が出征した中国の戦場で祖国愛に目覚めるという回心のドラマである。だがあまりの安直さは一九三四年（昭和九）にプロキノ委員長を務めた左翼映画評論家岩崎昶を刺激して激怒させた。初期の戦争劇映画は検閲からの評価も芳しくない作品群だった。

満洲事変・第一次上海事変の場合と違うのは、戦争劇映画が氾濫したわけではなかった点である。大量に製作されたのは盧溝橋事件以前に関心が高まっていたニュース映画である。劇映画は「挙国一致」の巻頭タイトルで始まろうと本編では相変わらず登場人物らがモダン・ライフを追求していた。早一一月には即製の時局ものは下火となり、定年に困惑するサラリーマンの悲喜劇『限りなき前進』（日活　内田吐夢）や若い恋の熱情を描く『若い人』（東京発声　豊田四郎）の現代感覚が話題を呼んだ。スクリーンの女性たちがこぞって銃後の守りに張り切り始めたわけでもなく、それを批判する声もなかったのである。

映画界の「戦争」

日中戦争の全面化をうけて、小林一三はＰＣＬと関連三社を統合して八月のうちに東宝映画株式会社を発足させた。戦時国家が経済活動を規制することを見越した措置である。この頃、東宝は着々と映画製作の強化を図り勢力を拡張していた。一九三七年（昭和一二）の映画界が関心を寄せた「戦争」は日中戦争ではなかった。台頭する東宝と旧来の勢力松竹の熾烈な抗争こそが注視された。反目の一つは日活をめぐる対立である。日活は根岸寛一（ねぎしかんいち）撮影所長指揮による充実した製作情況にも関わらず経営の混迷で社運が傾き、東宝と松竹は日活を自らの影響下に置こうと暗闘していた。さらに東宝の猛烈な引き抜き攻勢で守りに回った松竹は苦り切っていた。映画会社がライバル社専属の俳優や監督を引き抜くのはありふれた話だったが、三七年の東宝は松竹が育てた時代劇のトップ・スター林長二郎を奪ったからである。松竹痛恨の移籍事件の後、一一月、林長二郎が暴漢に襲われ左頬を切られる事件が起きた。美男スターに降りかかった災難は大ニュースとして報じられた。東宝は今回の移籍が合法な契約によることを明言し、映画人を搾取的旧慣で縛りつけ制裁を行う業界の体質を非難した。強調したいのはこの事件のメディアの扱いと世間の注目である。この頃、日本軍は南京に向かう途上にあり、戦争報道が連日の新聞紙面を占拠していた。だがこの大仰さの反面、中国を相手にする戦争は早晩片づくという楽観があった。それゆえ新聞も読者も戦争はさておき、映画業界内部の抗争を背景にした二枚目俳優の顔切り事件に大いに驚きどよめくことができたのである。

『母の曲』の大ヒット

一九三七年（昭和一二）一二月、東宝は戦争に無縁な『母の曲』で当てた。観客は清純な令嬢桂子を演じた原節子の美しさに瞠目し、この娘の幸福のために身をひく女工上がりの母お稲（英百合子）の愛情に泣いた。監督山本薩夫の推定通り観客総計が一〇〇〇万人を超えたなら国民七人に一人が見た勘定になる。山本は共産党シンパとして逮捕されて早稲田大学を中退して映画界入りした。左翼思想を基盤とする社会派監督として戦後の日本映画に地位を確立したが、本領は大衆観客の心情に強く訴えるメロドラマにある。成瀬巳喜男監督に伴われて松竹から三四年にPCLに移籍し、三七年に『お嬢さん』（「挙国一致」の巻頭タイトルを挿入された第一号）で監督デビューしたばかりだった。

新米監督の二作目『母の曲』はもちろん階級闘争をアジることなく、戦争のために挙国一致を提唱することもなく、「バビロンの女たち」の章で見たような既存の秩序を是認する映画である。上流社会に場違いなお稲の退場を必然として描き、階級の異なる人々は分離して暮らしてこそ円満であることを確認する。ただし、モダーンな東宝の『母の曲』は松竹流に金持ちの特権を喜んで承認しないし、大都流に泣き寝入りを貧乏人の慣習にもしない。偽善的で利己的な上流階級が体裁を保てるのは、辱められ傷つけられても恨みを抱かずに成熟した分別を持って振る舞う貧乏人のおかげであることを示し、彼らの心意気に精神的勝利を与える。と同時に背景にある階級的不和を不問に付す。

図17　原節子主演『母の曲』広告

左翼としてマークされた山本薩夫は東宝時代には所轄の世田谷警察署に毎年呼び出されていたが『母の曲』以後、免除されたという。いつも感じの悪い特高（特別高等警察）刑事が『母の曲』が彼の監督作と知ると、二度見て泣いたことを話し「いい映画を作った」と褒めた。特高の賞賛は山本には屈辱的でも『母の曲』の幅広い人気を証言するものだ。だが『母の曲』のブルジョワ批判はかつての傾向映画に通底するえぐい辛辣さがあり、演出のさじ加減では特高から褒められるどころではなかった。戦争開始前の三月に公開された小津安二郎監督の『淑女は何を忘れたか』が同じく東京の中流上層（アッパー・ミドル・クラス）を描きながら、彼らのモダン・ライフを諧謔的ユーモアで風刺するのとは段違いなのである。

分離された社会

山本の演出が特高に左翼的政治性を疑わせなかったのはバランスの妙だろう。ブルジョワ批判の毒気に相当する程度まで、紅茶の飲み方さえ知らない下層出身のお稲の度し難い無教養をどぎつく演出して単純なプロレタリアート賛歌にせずミスマッチの悲劇に仕立てた。お稲の夫である波多野純爾（岡譲二（おかじょうじ））は今でこそ医学博士だが、家が没落して不遇な青年期に親切な女工のお稲と結婚していた。だが、もともと育ちの異なる二人の疎通は難しくなり娘桂子だけが鎹（かすがい）である。『母の曲』は上下に二分された領域が分離併存する状態を本来的秩序として、善良な人間性だけでは二領域を隔てる壁を乗り越えられないことを強調する。医学博士・弁護士・高名なピアニストらエリートが居並ぶ世界と、工場の煙突のある町で女工や職工が営む世界は分離こそが正常ということである。

波多野、桂子、波多野が再婚するピアニストの薫（入江たか子）の三人を完全な善人に見せるために、山本の図式的演出は陰険さを徹底して彼ら以外のブルジョワ男女に集中させる。お稲を陥れる母親会の夫人たちや桂子を疎外する名門女学校の生徒たちは夫・父の権威に依存するのっぺらぼうの没個性的集団として一様に愚かで醜い。小津作品『淑女は何を忘れたか』が有閑マダムたち――家事は女中任せで麻雀や三越での買い物、歌舞伎座見物に明け暮れる奥様方――を個別に描き分けたのと対照的だ。お稲を追い出す役は、波多野の上司（ビデオ版には現れない）の意向を受けた井出弁護士（丸山定夫）である。井手は弁護士でありながら人権無視の追い出し離婚を企て、波多野が奉天に赴任中、お稲に「黙って判を押せばいい」と離婚を迫る。

お稲は家事に抜かりのない働き者で、お手製の五目寿司はおいしく専業主婦として申し分ない。だが外に出れば夫と娘に恥をかかせるので外人のいるホテルは嫌いだし人前で話すのも苦手。いくら努力を続けても生花や外国語など教養らしきことは何一つ身につかない。このお稲にしみじみと忠告するのが旧友・龍作（三島雅夫）である。「俺たち下の世界の者はいくらあがいても、もう一息のところで上のやつらと気が合わない。どうにもならねえ隔たりがある」。龍作は競馬のノミ屋や製薬会社の臨時工で食いつなぐ男で身なりは悪いが気の好い世間通だ。龍作というキャラクターに存在感を与え、彼の言葉を実感として響かせるのはいまだに身分的と言える格差を歴然とさせた社会的慣行である。企業において高等小学校卒程度の職工は中等教育以上の教育を受けた職員と厳しく区別され、従業員全体の一体感などなかった。龍作の洞察をお稲は挫折を経たうえで自分自身の現実として受け容れねばならない。

物笑いの『沓掛時次郎』

お稲排撃の格好の材料は『沓掛時次郎（くつかけときじろう）』である。母親会で娘時代の愛読書を語るよう促されたお稲は仕方なく、講談本で読んだ『沓掛時次郎』から道徳的教訓を得たと語り一同に嘲笑される。いたたまれない表情で肩を落とすお稲のバスト・ショットに続く場面では、井出弁護士がこの事件を波多野に報告しながらお稲との離婚を説く。この流れでは『沓掛時次郎』がお稲の下層階級の出自と無教養を露呈し、同時に上流男女が抱く反大衆心理、嫌悪と軽蔑を表出させる道具となる。むろん長谷川伸（はせがわしん）の戯曲『沓掛時次郎』（二八年）は『瞼（まぶた）の母』『一本刀土俵入り』と並んで舞台化が繰り返される股旅（またたび）ものの不朽の名作である。長谷川は義理人情の機微を描く小説・戯曲を大衆雑誌に提供した作家であり、映画化が相次いだ一九三〇年代は人気の最盛期だった。底辺の人々を活写した『沓掛時次郎』はとりわけ大衆から愛され、渡世人の時次郎は常に人気抜群の時代劇スターが演じた。帝劇での初演は新国劇の沢田正二郎、映画化は一九二九年（昭和四）の大河内伝次郎主演サイレント版を皮切りに三〇年代だけで林長二郎らを起用して三度行われた。だがだからこそ、医学博士夫人にあるまじき低俗な嗜好（テイスト）――講談社文化の領域――として、社会的体面にこだわる井手弁護士による攻撃の口実にされるのである。

『母の曲』は泥臭いお稲に対する敵視と執拗な嫌がらせを繰り返し描くことで領域侵犯を犯した下層出身者を待ち受ける厳しい仕打ちを明白にする。実は、この階級分離を是とする演出そのものが、総力戦体制が本格化していない段階を示す時間的指標に他ならない。戦争のために機能する共同体形成が目指され国民統合が唱えられると、映画製作も国民の団結と戦意昂揚への寄与を求められるからだ。

同様に『母の曲』での消費生活の高い水準は戦争前と変わらない。母親会の歌舞伎談義、桂子の大きなバースデー・ケーキ、龍作が土産に持参する箱詰めチョコレート、上流子弟が遊ぶ山中湖のモーター・ボート、東京会館での結婚披露宴など、先に触れた小津作品『淑女は何を忘れたか』の物質文化――銀座のバーや新橋の芸者遊び――と似たり寄ったりで、戦争がまったく介入しないモダン・ライフの延長である。

時代の刻印

『母の曲』での文化的記号は親ドイツが仄（ほの）めかされ、エリート日本人の姿を印象づける。ドイツ留学から帰国した波多野はお稲が誂えた浴衣を喜ばず、ドイツ時代のガウンを愛用してパイプをくゆらせる。フランスから帰朝したピアニスト薫はコンサートで国産ＹＡＭＡＨＡの銘がはっきり見えるグランド・ピアノを用いて、知識人がもてはやしたベートーベンの「熱情」を堂々と弾く。ラジオ放送される桂子のピアノ演奏曲はメンデルスゾーン、箱根のホテルでお稲を怖じ気づかせた外国人青年が話すのはドイツ語といった調子である。すでにドイツ贔屓（びいき）の社会風潮があった。桂子役の原節子はこの年前半には日独合作で話題を呼んだ『新しき土』（伊丹万作（いたみまんさく）・アーノルト・ファンク）で注目を集めていた。ドイツと防共協定を結んでいた日本では、明治以来培われたドイツ文化への敬意に加えて『わが闘争』を始めアドルフ・ヒトラーの著作刊行が相次ぎナチ・ドイツに親近感が高まっていた。

波多野の次なる任務は満洲国奉天の医大研究所をベースにした熱病調査である。奉天という赴任地も歴史的時間のインデックスだ。『新しき土』のエンディングが示したように満洲への農業移民は国策として進行しており、その後押しにフロンティア医療を担当したのが奉天の満洲医科大学であり、満洲経営を主導した南満洲鉄道会社が設置した医大である。この時期に帝国のダイナミックスを伝えようとすれば、台湾や朝鮮の都市より奉天がふさわしかったのである。

お稲というキャラクター

クレジット上、映画『母の曲』の原作者は小説家吉屋信子である。一九三〇年代、時代劇映画で長谷川伸ブームが起きたのと平行して、現代劇映画では女性読者から熱烈に支持された吉屋信子の作品が松竹・新興キネマなど各社に映画化された。吉屋文学に指摘されるフェミニズムを男性演出家たちがどれほど汲み取ったかは不明である。だが税務署に目をつけられても文芸批評家から相手にされなかった吉屋信子を原作者としたことで映画『母の曲』は政治的解釈を寄せつけず、雑誌『婦人倶楽部』連載で稼いだ知名度を利用できた。

一方、批評家たちは『母の曲』が吉屋信子小説の映画化というより、かつて日本でも公開されたアメリカ無声映画『ステラ・ダラス』（ヘンリー・キング　一九二五年）の翻案（アダプテーション）だと認識した。それゆえ批評は、強烈なエゴをもち自己主張するアメリカ人女性ステラそのままでなく、日本の文化的土壌に適った造型としてのお稲、情が厚く気さくだが無学の引け目から臆病で遠慮がちになる庶民的女性の描出を肯定した。だからと言って英百合子のお稲が「日本の母」の決定的イメージとなるよう意図されたわけではないし、実際にそうはならなかった。

お稲を演じた英百合子（一九〇〇〜七〇）は二〇年の映画デビュー以来活躍するベテランであり幅広く役をこなした。『妻よ薔薇のように』で献身的な妾、『北支の空を衝く』で貫禄のある将軍夫人、『彦六大いに笑ふ』は夫を出し抜く欲張り女、『若い人』で自堕落で淫奔な母親など多彩である。お稲は英百合子扮するあまたの母親像の一つにすぎない。東宝の映画宣伝は原節子・入江たか子らスターの主演を強調し、舞台では新派のトップ女優水谷八重子がお稲に抜擢された。

お稲のイニシアチブ

文化資本の欠如で中流の良妻賢母に落第したお稲は「日本の母」にはならなかった。だが『母の曲』の現代感覚が当時の観客から共感を引き出しえたとすれば、それはお稲が最後に見せる覚悟と犠牲によってである。ドラマ後半でお稲はイニシアチブを取る。誤解から生じた醜聞を理由に離婚を申し渡す井手弁護士にお稲は「自分で決める」と毅然と宣言する。お稲は薫を訪ね、波多野と結婚して桂子の継母となるよう頼む。この計らいの後、お稲は姿を消す。客観的には井手の思惑通りだが、この一連の自発的行動によってお稲は妻・母の資格を剝奪された失敗者ではなく、夫と娘が幸福になるコースを確保した影の功労者となる。

やがて桂子はピアニスト・デビューを果たし、実業家の息子と祝福された結婚をする。上流に受け容れられたいというお稲の願いは桂子を通して成就する。エンディングでは薫の配慮によってお稲は桂子の花嫁姿を離れた場所から垣間見る。雨の中、傘で身を隠しつつ桂子を見詰めるお稲の恍惚とした泣き笑いの表情から圧倒的な充足感が伝わる。だが上品な人たち――世間知らずなまま嫁ぐ桂子、お稲を探そうともしなかった波多野を含めて――との再会も和解もない。お稲の完全排除は彼女自身を含めた全員にとって正解で、階級分離は秩序ある社会の維持と再生産に欠かせない掟である。一九三七年（昭和一二）暮れのヒット作をめでたく終わらせたのはこのレトリックである。

戦争の影響

一九三八年一月、日活の『五人の斥候兵』（田坂具隆）が公開されると戦争映画の傑作登場と注目された。同じ冬、松竹の城戸四郎所長は懇意の監督・カメラマンらと北支視察に出掛けた。戦争との付き合い方を検討したはずだが結局、ニュース映画には適わないから、松竹の劇映画は個人の「赤誠」を描いて国民精神総動員に奉仕すると表明するところに落ち着いた。

だが戦争は映画界からも男性たちを出征させた。『母の曲』で波多野を演じた岡譲二はこの年応召した。すでに中国にいた小津安二郎の転戦や山中貞雄（時代劇映画の監督）の

図18　1938年10月，漢口陥落の報に歓喜する東宝京都撮影所（中央が長谷川一夫）

戦病死、後には岡譲二の発病・帰還など映画人兵士の近況はよく報道された。また四月から大規模な論功行賞が立て続けに行われたことで、一般の人々に今回の動員が局地戦だった満洲事変をはるかに上回る大規模な戦争であることが認識されるようになった。国家に命を捧げた兵士と遺族には同情が寄せられ、映画界では戦没兵士遺族のための試写会（『チョコレートと兵隊』佐藤武　東宝）が催され、白衣の勇士（負傷して帰還した兵士）を描く映画が提案されるようになった。

すでに資金調達や物流制限、軍需生産の工場の国家管理が法制度化されていたが、戦争のためにさまざまな分野で改革が準備導入される第一期となるのが三八・九年である。さしあたって女性と映画に関連する大きな項目として、厚生省の設立と映画法の準備を挙げておこう。困窮家庭を助ける母子保護法は当初から社会政策として戦前に用意され三八年に施行されたが、厚生省の設立は国民の体力向上を望んだ軍部からの要請を背景にしていた。この厚生省が応召兵士とその家族の援助を目的として軍事扶助法による軍事援護費を増加させた一方、三九年から「生めよ、殖やせよ」運動を具体的に推進して女性たちに「産児報国」を求める機関となる。

映画法は内務省・文部省が制定準備を行い、三九年に施行された。映画法は国民啓発を掲げて初の文化立法と呼ばれたが、実際には映画を管理下に置いた国家が戦争に役立つ映画製作を要求できる法源となった。

中途半端な情況

こうした法制度が準備される間に、総動員体制がすっかり整ったわけではない。中国大陸の戦争が日本国内のあちこちで制限や禁止を要求し始めても、日本経済の実態は「統制半分、自由半分」と形容される中途半端が続き、経済と不可分な社会の空気もおいそれとは変わらなかったからである。この時期に製作された映画が戦争にほとんど無関係なのはそのためだ。風俗描写に銃後であることを思い出させる要素が適当に神妙に織り込まれても、スクリーンにあったのは平和な世界だった。

軍需景気は戦争とモダン・ライフを連携させた。戦争に関する放送を聴きたいという欲求がラジオの購買台数を大きく伸ばし、一九三八年（昭和一三）の暮れには四〇〇万台突破に近づいた。華美な着物を牽制する増税が発表されても女性のおしゃれ意欲は衰えず、デパートは相変わらずお歳暮の広告を出し、クリスマス商戦は「万事が質実のため七面鳥は半減」と報道されたのだった。

統制が映画界を騒然とさせたのは、映写機が奢侈品とみなされ新規製造が禁止され、ガソリンの配給制でロケ撮影に使うバスの運行が難しくなった時である。また鉄材を軍需に確保するための建築制限によって松竹の新劇場建設は放棄を余儀なくされた。だが観客にダメージはなかったろう。映画上映施設は東京だけで二七四あったし、建築制限に抵触しない木造映画館の改修・建て替えは進んだ。軍需景気で懐具合を良くした観客は戦争財源として四月に導入された入場税を気にせずに劇場に足を運んだ。松竹はむしろ「事変のおかげ」でニュース映画が牽引役となって観客を三割増やしたと言い、さらにメロドラマ『愛染かつら』の大ヒットで笑いが止まらなかった。日活は頼みの綱の根岸撮影所長の進退問題で揺れたが作品の評価は良好で、そろそろとトーキー移行を意識した大都映画の人気は相変わらず高かった。前年に顔を切られた林長二郎は松竹に芸名を返上し、長谷川一夫として東宝の『藤十郎の恋』（山本嘉次郎）でスクリーンに復帰して東宝を支えるスターとなった。

洋画の輸入規制が心配され始めたが、チャップリン監督・主演の『モダン・タイムズ』

は広告通り公開された。アメリカ映画『オーケストラの少女』（ヘンリー・コースター　三七年）を配給した東宝は外国映画大入り記録達成にご満悦だった。ディアナ・ダービン扮するヒロインがクラシック歌曲を親しみやすく聴かせる音楽映画は一本立て興行・料金一円の高額設定なのに大人気だった。

図19　『オーケストラの少女』広告

検閲官らは『愛染かつら』を銃後に不適切な甘ったるい恋愛映画として軽蔑したが、『オーケストラの少女』を彼らのお気に入りとして絶賛した。映画興行の様子に見られるのもモダン・ライフの延長である。

栗島すみ子のアンチ良妻賢母

隣組（となりぐみ）の設置もまだ完了していなかった一九三八年（昭和一三）春の空気を、栗島すみ子が登場する映画『泣蟲小僧』に触れながら確認しよう。

栗島すみ子は三六年、松竹を退社し、水木流名取の才を活かす舞踊に専念したが請われて二本の映画に出演した。一本は先に触れた三七年三月公開の小津監督作品『淑女は何を忘れたか』である。二本目が一年後の戦時下に公開された『泣蟲小僧』である。両作品は日本映画史における佳作だが、栗島すみ子が戦前戦中と連続して体現したのはアンチ良妻賢母である。前者では子供のいない有閑な中年女性で医学博士・大学教授の夫を尻に敷く麴町の奥様時子、後者では息子を棄てる母親貞子である。どちらも日本女性として非規範的なキャラクターである。つまり劇映画の主流は戦時下であろうと相変わらず多彩なモダン・ライフを生きる人間に関心を向けていた。栗島すみ子自身はその後も戦争が続くなか、舞踊家として兵士慰問に赴きお国に仕える気概を示した。だが三八年の時点で、かつて「日本の恋人」だったスター女優に「日本の母」や「軍国の母」を演じさせる切迫感は微塵もなかったのである。

『泣蟲小僧』は配給を東宝に頼った小さな独立プロ東京発声が製作したが、『若い人』に続く豊田四郎監督作として注目された。母からネグレクトされた少年啓吉が大人たちの間をたらい回しにされるドラマには戦争の影響はほとんどない。後述するように燈火管制だけが唯一の接点である。一一歳の小学生が主人公であっても、最も重要な役を担ったのは知名度抜群の栗島すみ子であり、彼女が扮する貞子のリアルな存在感も評価された。

自分勝手な大人たち

ほつれ髪が所帯やつれを感じさせる貞子は亡夫との子供二人を抱えて株屋崩れの吉田と内縁関係にある。貞子は吉田と折り合いの悪い啓吉を邪魔にして三人の妹たちの家に預けるので、啓吉には落ち着き場所はない。最終的に貞子は幼い娘だけ伴い吉田と九州へ旅立つ。あくまで自分の幸福が優先なのだ。

感心できない人物は貞子だけではない。『泣蟲小僧』に典型的な悪人は現れないが、登場人物は誰も彼も自分のことに夢中で啓吉のことなど、ましてや戦争など頓着しない。生活に追われる女性たちは世知辛く、未婚既婚を問わずタバコの煙をくゆらして鼻息が荒い。会社勤めで自活する独身の三女菅子（梅園龍子）以外は、次女寛子（逢初夢子）も四女蓮子（市川春代）も稼ぐ甲斐性のない夫に依存する専業主婦で光熱費の支払いに汲々としている。尻に敷かれる夫らは売れない作家、画家で才能も気迫もない。見る角度を変えれば、収入の乏しい彼らが暮らす町や郊外の住居にもガス・電気のインフラは当たり前になっており、貧乏と言ってもタバコ代から一杯飲む小遣いまで捻出できる生活がある。あくせくしていても困窮の気配はない。そ

図20　『泣蟲小僧』広告（栗島すみ子と林文雄）

のくせ彼らはわずかな金が容易に回らない暮らしにいらだち、ごまかし合い、あけすけに金を欲しがる。

戦争と繋がる燈火管制は一九三八年（昭和一三）の現実では形式にすぎなかった。それゆえ燈火管制は戦争などどこ吹く風の若い女性の生活感覚を表す記号として、三四年に書かれた原作にはないセリフにひょっこりと現れる。貧乏画家の妻・蓮子が料金滞納で電気を止められる世間体の悪さに「いっそのこと燈火管制、半年くらいやってくれないかなあ」と脳天気にぼやくのである。

『泣蟲小僧』がハイライトするのは成り行き任せに暮らす庶民の社会理解、目的やビジョンを持たぬまま戦争であれ何であれ金儲けのおこぼれにありつければ生活が良くなるとぼんやり願望しながら暮らす日和見（ひよりみ）主義である。こうした表象には『ほろよひ人生』や『東京ラプソディ』が伝える成功への意欲も『乙女ごころ三人姉妹』が見せる挫折の切実さもない。だがこうした人間描写こそが新鮮だったのだ。批評家らは、明るいとも暗いとも言えない行き当たりばったりの生き様、美化のない描写を「リアリスティックな人生暴露」であると評価し、同時代感覚の優れた表現を認めたのである。

ちっぽけな欲望のおかげで孤独の余地さえない大人と違って、啓吉の孤独は酒場を回る門付親子三人の仲の良さにも悲しくなるほど痛烈である。成熟した大人の思いやりを示すのは、流しの尺八吹き隆山だけだ。隆山は「私たちのような下っ端の人間には泣きたいことばかりだ」が泣く代わりに胸を張って歌うよう啓吉を温かく励ます。映画『泣蟲小僧』が純粋に前向きな人間性を託すのは、素直に物干し台で「箱根八里」を歌う啓吉だけなのである。

林芙美子の記憶違い

映画『泣蟲小僧』は日中戦争下に製作公開された。だが原作者林芙美子は四九年の回顧で映画化をてっきり「戦前」と思い込んでいた。些細な記憶違いに見えるが、実は作家の映画化への思い入れは並々ならぬものだった。啓吉役にふさわしい寂しい容貌の男児を見つけ、ペンネームにちなんだ芸名「林文雄」を授けたのは林芙美子本人である。完成した映画の出来映えにもいたく感心していた。そんな彼女の記憶違いは何を意味するのだろうか。

林芙美子が日本軍を熱烈に支持し戦地を訪れたことはよく知られている。まず三七年一二月、毎日新聞特派員として日本による占領間もない上海・南京へ赴いた。彼女が映画『泣蟲小僧』に涙を流したのはこの取材から戻った後の三八年の春のことである。九月には内閣情報部の「ペン部隊」の一員として再び上海に渡り、兵士らと共に漢口一番乗りを果たした。この従軍経験が中国兵に対する敵愾心を露わにした「戦線」「北岸部隊」に結実する。やがて「文学報国」の掛け声のなか林芙美子は帝国の作家として国内各地から満洲・朝鮮へと講演に飛び回り、さらに報道班の一員として南方にも出張った。だが空しく、大日本帝国も大東亜共栄圏も潰えた。

映画『泣蟲小僧』に関する記憶違いは、戦中戦後の怒濤をくぐった林芙美子がこの映画を産出した社会の状態を「平和」即ち「戦前」と想起したからにほかならない。多くの日本人同様、戦争をめぐる林芙美子の心的風景を支配するのはあくまで「太平洋戦争」による破壊と人心の荒廃だろう。とりわけ末期の絶望的な閉塞感が記憶を占拠すると、モダン・ライフが継続していた三八年は「平和」を連想させてしまい「戦前」と誤認されるのだ。しかも第一次大戦を実質的に体験しなかった日本人は日中戦争において総力戦の悲惨を想像できず中国相手に負けるはずがないという民族的蔑視に基づく楽観主義を官・軍・民揃って――銃後の人々も林芙美子のように戦地に赴いた女性も兵士だった男性も――共有していた。林芙美子の記憶違いは、日中戦争の侵略性に省察を及ぼさずに占領下の戦後を生きる日本人の態度を要約するものだろう。

戦争との付き合い――表象してもしなくても

統制への支持

ここで統制に触れておこう。日中戦争下の日本では国家が管理する「国家統制」が進行した。統制の範囲は、軍需生産のための金属・ガソリンの配分から、やがて賃金据え置き・物品価格の公定、食糧・生活必需品の配給制度に至るまで拡がった。企業経営に制約を受ける経済界はソ連型の産業国有化を警戒して抵抗を続けた。それでもジャーナリスト笠信太郎（りゅうしんたろう）の『日本経済の再編成』がベスト・セラーになった一九三九年（昭和一四）には「統制」が時代の先端を行くスタイルと広く認識されるようになっていた。「統制」が積極的に受け容れられたのはなぜか。伝説的ヒット作『愛染かつら』とどのように関わるのか。

実は、この頃の「統制」は今日の語感と異なり、必ずしも冷たく高圧的・抑圧的な強制のニュアンスをもたなかった。むしろ統制される国民の側から効果的に能力を引き出して変革への積極的な参加を促すという建設的・協調的・民主的でさえありうるニュアンスをもっていた。近代西洋の思想として自由主義・個人主義の排除を決意した戦時下の日本にとって、結局、国家統制こそ日本独自の新社会を実現するための合理的方策であるとするコンセンサスが成立したのである。

政府は国民に戦争長期化による生活への悪影響をはね返す気概を期待した。だが国民には統制の先に出現するものが見えず、モダン・ライフの断念まで覚悟していなかった。こうした国民にビジョンを提供したのが、笠の『日本経済の再編成』を代表とする統制論の数々である。笠には軍需主導経済を批判する狙いがあったとも言われるが、要するに統制経済下で「高き経済の倫理」の実践を提唱した。協同社会が成功するために公益を尊重して私的利益を犠牲にする「倫理」を企業にも農家にも、延長線上にある家計にも期待したのである。笠の説くところ、生産から消費に至る過程で国民各自が欲望や利己的発想を抑制して行動することで日本に西洋の資本主義を超越する新しい形態が誕生する。人々の関心を集めた『日本経済の再編成』は版を重ねた。

だが「高き倫理」による経済の再編成は理想論だった。公定価格が導入されると買いだめと売り惜しみが横行し「ヤミ」が流行語となり、経済警察が設置されねばならなかった。統制がさらなる統制を呼ぶ悪循環に陥った日本経済は四〇年にはすっかり統制の網の目に覆われるが、それでも効果的な配分は困難だった。

ここで強調したいのは、こうした実情とは対照的に統制が戦時国家に国民を守る保護者としての外観を与えた点である。戦争遂行という究極目的のために市場に介入し国民生活の安定を目指した施策は、戦時国家を戦前よりも社会的不均衡の是正と国民保護に積極的な為政者であるように見せた。国家と国民の関係を、天皇を家長とする家族アナロジーで捉える言説表象、いわゆる家族国家観が実体化したかのように、である。山川菊栄ら社会主義者の女性たちはインフレで苦しみながら家計を預かる生活者として配給制度を歓迎した。彼女たちは日本の統制経済をソ連の計画経済に重ね合わせて評価したが、左翼思想に無縁な国民も統制経済が少数派である金持ちの特権を無効にして社会平準化と国民全体の統合を推進すると信じたのである。

こうして統制が期待され拡大する社会の空気をしたたかに読みながら、松竹は三八年九月に『愛染かつら』を公開し、成功に乗じてシリーズ化した。残念ながら男性批評家らは難航する恋愛を綿々と描く『愛染かつら』を嫌いメガヒットの原因解明を拒んだ。ここではまったく不充分ながら、総集編(第一部・二部を再編した大幅な短縮版)で確認できる点から『愛染かつら』の同時代的アピールを探ってみよう。

真面目な恋愛映画『愛染かつら』

「事変一周年」を迎えた一九三八年(昭和一三)七月、松竹の城戸所長はおもむろに「娯楽のみの時代は終わった」と「恋愛映画廃止」を宣言した。島津保次郎のような古参監督は「不真面目な恋愛映画を作らない」程度と受け流したが、世間は松竹が一大方向転換をするのかと驚愕した。同じ七月末、内務省は各映画会社のシナリオ作家らと協議の上、欧米映画の影響である個人主義を排除し、家族制度と国民精神を高揚することなどを申し合わせた。内務省はとりわけ女性に日本的情緒を損なわせる欧米化を懸念して映画による国民再教育を示唆した。

はたしてこの後に松竹が製作したのが伝説的恋愛映画『愛染かつら』(野村浩将(のむらひろまさ))である。『婦人倶楽部』で戦前から連載中の川口松太郎の小説を下敷きに、文字通りメロドラマとして主題歌『旅の夜風』など歌曲を随所に挿入し、コミカルな場面まで織り込んだ娯楽作品にほかならなかった。田中絹代・上原謙のスター・コンビによる恋愛映画は九月に封切られるや大人気となった。メガヒットは都市の女性観客だけでは達成されない。全国公開後も各地で上映が続き、一年後には千葉に住む少年色川大吉（後の日本史研究者）を含めて幅広い層を魅了していた。松竹は三九年五月に『続・愛染かつら』、一一月に『愛染かつら・完結編』を送り出してヒットを重ね、映画興行は松竹がトップで独走する状態が続いた。

検閲・軍部には『愛染かつら』は不評だった。彼らが望むような日本人が現れなかったからだ。だが松竹は内務省との申し合わせを無視したわけではない。『愛染かつら』には内務省との協議事項を考慮したと抗弁しうる点も多く、緩い統制水準からは大きく逸脱していない。むしろ保守的な松竹の映画が描く一種の「下克上」に意外性がある。優れた資質と大きなハンディを併せ持つヒロインが身分違いの恋に挑戦するからだ。モダーンな東宝の『母の曲』がお稲に強いた挫折はもはや必然ではない。

下克上とモダン・ライフ

高石かつ枝（田中絹代）は淑やかだが、従来の良妻賢母規範を乗り越えるワーキング・マザーである。若くして夫と死別して娘を養うため看護婦として働き、病院の跡継ぎ息子で医師の津村浩三（上原謙）と愛し合う。かつ枝は名門を気取る津村家の竹子（浩三の妹）から見下されるが、音楽的才能を活かして人気歌手に転身して社会的地位を一躍上昇させる。謙虚な苦労人ヒロインの突飛な

図21　『愛染かつら』竹子（森川まさみ）と婦長（岡村文子）に詰問されるかつ枝（田中絹代）

出世はご都合主義の展開でありながら、竹子が体現する傲慢な富裕層への庶民的反発を掬い取って解消する「下克上」効果があり、挙国一致の内実を支える社会平準化・国民統合と共振する。さらにヒロインの前進は欧米的スタイルと考えられた「競争」に勝って獲得するのではなく、本人の誠実さと周囲の協調による点でまさに統制の理想に合致する。

一方で、モダン・ライフの継続は明白である。「パパちゃんがいない」と寂しがる娘にかつ枝が板チョコを与える公園ののどかな休日、帽子・イヤリングで満艦飾の令嬢ファッション、温泉旅行やゴルフといった行楽まで際限がない。同時に、当時の観客になじみのあるさまざまな要素は、内務省が望む日本的情緒への配慮として現れる。たとえば病院の宴では、かつ枝が歌う「ドリゴのセレナーデ」を浩三がピアノ伴奏する見せ場に続いて琵琶の弾き語りが披露される。全体の和洋バランスで洋を突出させずにコントラストを利かせて視覚的アピールと音楽—時間的配分がある。

女性たちの連帯

真面目な恋愛映画としての眼目はかつ枝が娘のために頑張る母という設定にある。母性愛は看護婦仲間の共感を呼び込み、のちに浩三の誤解を解消させる。とりわけ同僚との連帯が重要なのは、看護婦が病院の階層秩序における下位従業員として婦長の監視と規則に拘束され、低い「身分」の者として扱われるからだ。経営者家族の竹子にとって看護婦のかつ枝は召使いと同じだ。この堅固な身分感覚を揺るがすゆえにかつ枝の恋は至難だが、看護婦仲間からの強い支持を得ることになる。

かつ枝は病院の狭い世界から自ら飛び出てレコード歌手になるが、三九年五月公開の『続・愛染かつら』では誤解が重なり浩三と疎遠になる。さらに浩三の縁談相手にプリンストン大学留学中の令嬢未知子（桑野通子）が現れ、美貌と聡明さ、そして資産を備えた申し分ない女性として手強いライバルとなる。かつ枝は内務省が嫌う「欧米化」女性の利己主義と軽薄さを持ち合わせないから、母親としての責任、浩三への恋心、彼の幸福を願う気持ちで苦悩する。そこで看護婦仲間が未知子に談判に行く。富豪令嬢を前にしてろくに口を利けない彼女らの朴訥（ぼくとつ）さは笑いを誘う。だがこの演出が階級的ハンディのあるかつ枝を後押しする女性たちの真摯さを強調する。

一方、未知子は肩を大胆に出したドレスでアメリカ帰りを印象づけるが、外見に反して内面に「欧米化」の悪影響はない。誠実な人柄ゆえ愛する浩三のために経営難の津村病院を救おうとし、かつ枝の深い愛情を知って張り合うことなく去っていく。こうした展開は批評では「闘争化すべき事件が」闘争化しないと皮肉られたが、きれいごとこそ「高い倫理」に異議のないはずの松竹による統制認識ということだろう。

戦争への配慮

活字資料に拠れば、やがてかつ枝は結核で療養所に入り、戦地の宣撫工作員として北支に渡る浩三とまたも別れる。こうして日中戦争は三九年五月の『続編』終盤に侵入するが、一一月公開の『愛染かつら・完結編』となると本編を占領し、かつ枝の母性愛を後退させてまで報国意識を前面に押し出す。何とかつ枝は日本軍を慰問する歌手として中国に渡り、浩三と「従軍看護婦」となった元同僚らに束の間、再会する。だがかつ枝の恋が浩三との結婚として最終的に成就するには、さらなる曲折を経て、津村家の了承を得てからである。

恋の舞台がいきなり中国に移った背後には統制の進行とエリート女性らの体制参加がある。『続編』から『完結編』までの半年間に日本が抱えるマイナス要因は一気に増えていた。夏のノモンハン事件（ソ満国境での地域戦争）の損失は不透明でも、物価高騰による生活水準の低下は明らかだった。統制項目を増やす以外に策がない経済では、コメの配給制に加えて卵・乳製品・砂糖・生糸を含む消費規制が常態化した。第二次大戦開始の報が伝わった九月には電力を国家管理する法整備が進んでいた。女性にモンペ着用が提唱され始めた一方、映画法が施行されたのが一〇月である。注目を集める『愛染かつら・完結編』が従来のモダン・ライフを描いてはもはや反発を免れない勢いで統制が拡大していた。

一方、戦争が始まる前に参政権を始め女性の権利と保護のために働いた女性たちは、続々と戦時下の国家体制に組み込まれていた。彼女たちはエリート男性に匹敵する高学歴をもたなかったが、商工省中央物価委員に評論家山田わか、大蔵省の国民貯蓄奨励委員に教育家羽仁もと子、国民精神総動員中央連盟理事に医学博士吉岡弥生、委員会幹事に政治活動家市川房枝といった調子である。こうした抜擢は彼女らの実績が認められた結果だが、民主化の進展ではなく戦争の必要が現出させた女性たちの公共圏進出にほかならない。エリート化された彼女らに期待された役割は、一般女性に自発的な戦争協力を促し、より機能的な銃後を作り上げることだった。

この風向きのなか三九年の松竹は女性映画のスクリーンに浅薄ながら社会性を取り込む試みを行った。女性弁護士誕生のニュースにヒントを得た『新女性問答』（佐々木康）、三九年に新設された人事調停制度（家庭内紛を協議で解決する制度）を紹介する『母は強し』（佐々木啓祐）である。いずれも法と女性を絡めて規範的な「日本の女の道」を確認する凡庸なドラマだが興行では成功を収めた。これら以上に企画の戦略性を感じさせるのが『愛染かつら・完結編』である。大団円を迎える前にかつ枝・浩三・看護婦仲間らが従軍して働く姿を見せることで、松竹作品として異色なほど、これまでになく大胆な戦争迎合的なスタンスを示したのである。

だが、日本の映画製作をリードする大会社松竹が『愛染かつら』人気に安住してシリーズ化や安直な企画戦略を取ったことは批判を招いた。三九年の松竹は秀作と名高い『暖流』（吉村公三郎）・『兄とその妹』（島津保次郎）をも産出したが、評論家岩崎昶の見立てでは、総じて松竹は「功利的温情主義や封建的組織によって昔は見事に運転していたものだが今はもう支え切れなくなった」のだった。

モガ進化の行き止まり

女性映画中心で戦争の付き合いで悩んだ松竹と異なって、個性的な男性スターを擁した日活は一九三九年（昭和一四）にも火野葦平の戦争小説を映画化した『土と兵隊』（田坂具隆）で評判を呼んだ。企画でも当局が映画界に国民統合の観点から農村のテーマ化を求めるのに先んじて『土』（内田吐夢）を公開

図22　『東京の女性』広告　運転する節子（原節子）と木幡（立松晃）

し、一年のロケ撮影の成果で高い評価を受け商業的にも成功した。日活には及ばない東宝も戦争への配慮を製作に反映させ当てた。満洲を舞台にした『白蘭の歌』（渡辺邦男）は満洲映画の李香蘭をスターダムに昇らせ、上海戦の緊迫感を伝えた『上海陸戦隊』（熊谷久虎）はドキュメンタリー的手法で注目された。

一方で、東宝の巧みなジャンル配分には戦争をまるで思い出さない映画も含まれた。典型である『東京の女性』は令嬢でも不良娘でもない一九三〇年代を通じて存在が定着した「働くモガ」を描く。丹羽文雄が『報知新聞』に連載した同名小説を『東京ラプソディ』の監督伏水修が映画化した。原節子扮するヒロイン節子はモダン・ライフを謳歌しながら現実的に人生設計を図る三〇年代スクリーン・モガの最終到達点、あるいはモガ進化の行き止まりを示す。

丹羽文雄が節子の職場に選んだのは統制下で難局を迎えた自

動車販売業界である。第一次世界大戦後の日本では政府が軍事利用と国産化を考慮して自国の自動車産業の誕生を期待したが実現せず、関東大震災後の二〇年代に生産・販売で君臨したのは外資系の日本フォード・日本GMである。ようやく三〇年代にトヨタと日産が登場し、政府は三六年の自動車製造事業法によって自国産業の保護を明確にした。日本企業に手厚い支援を与えフォードとGMの事業を制限したうえ、自動車関税の引き上げで輸入を規制したのである。日中戦争下の統制が三八年に自動車の生産制限を通達すると自動車販売業の先行きは不透明となり、映画界が洋画の輸入制限に気を揉んだ以上の焦慮を生んだ。丹羽の小説はこの統制の推移に沿って外国車の輸入途絶を懸念し木炭自動車用の装置を提供する業界事情を書き込みつつヒロインの奮闘を描いた。

しかし伏水の映画は小説の執筆時点より厳しさを増した統制下の自動車販売の実情に関心はなく、時を忘れてモダン・ライフを描出した。そしてセールスという男世界に飛びこんで仕事に勝ち恋に敗北する節子の挑戦を鮮明に描くことに専念して、日中戦争を無視したのだ。これにより節子は、統制理念のきれいごとで同時代の銃後を支える女性像を飛び越えてはるかに時代を先んじる存在となった。戦後日本の企業社会で男性と同じく戦士として働くか、結婚して家庭（ホーム・フロント）を守るか、仕事と愛の二者択一を強いられた女性たちのジレンマを予告するヒロインとなったのである。

ジェンダー規範の報復

『東京の女性』は節子の同時代的というより現代的主体性によって特徴づけられ、職業上の必要から男性化する節子のエムパワーメントと女性としての挫折を際立たせる。当初、節子は自動車販売会社にタイピストとして勤め家計を支えている。商売に失敗した父は支度金三〇〇〇円に目がくらみ「金持ちの妾」になる話を持ち込むが節子に「昔の女の人ではあるまいし」とまったく相手にされない。父権の理不尽な要求を却下できる節子の独立心と醒めた現実感覚は、往年の無声映画が大仰に示した無力な女性性（たとえば三〇年の松竹無声映画『若者よなぜ泣くのか』で川崎弘子扮する娘は父に恋人との仲を裂かれ妾になり精神を病む）からまさに隔世の感がある。

やがて節子は変化を選ぶ。父の入院費用を稼ぐ必要から月給七五円のタイピストという女性の職種から一台一〇〇〇円のコミッションを稼ぐ自動車セールスマン（セールス・ウーマンという語は使われない）に転身するのだ。運転から修理スキルまで習得して飛びこんだ世界は同僚をライバルとする熾烈な競争が支配し、男性の下品な言動というセクシャル・ハラスメントが待ち受ける。それでも節子は男性的と示唆されるスピーディかつ合理的なスタイルで男性に劣らぬ能力を証明する。節子の美貌と仕事への闘志は同僚男性らを

図23　『東京の女性』（江波和子と原節子）

脅かすほど業績を押し上げ、節子は一人前のセールスマンとして認知され自信を得る。

その報いに節子は恋を失う。彼女が仕事に熱中していた間、幼稚だが計算高く男性を手玉に取る妹水代（江波和子）が姉と恋仲のセールスマン木幡（立松晃）に接近して彼を横取りするのだ。だが伏水の演出は節子の失恋は控えめな態度や淑やかさという規範的女性性を失ったせいだと強調する。木幡は彼を頼ってアドバイスを求めた節子が今や飲酒喫煙し対等な口調で彼に助言する変貌ぶりに慄然とする。容易に予想される通り、男性として優越を失ったと感じる木幡は節子に「恋愛を感じられない」。

一方で伏水の演出は節子に失恋をもたらした内面・行動の男性化が失恋の打撃を跳ね返す力となることを見せつける。苦悶する節子は行きつけの喫茶店で男性のように両脚を開き腕を組んで考え込む。他の作品で見せたことのない原節子の男っぽい座り方は蠱惑的な妹に恋人を奪われた惨めな堅物娘ではなく、父亡き家の長として思考を集中しようとするものだ。腰掛け勤めに身が入らない水代に専業主婦の道を決定し木幡に水代との結婚を迫る時、節子は通常の未婚女性が実践できない家長の権能を行使する。同時に水代が体現する依存的女性性を選んだ木幡への未練を断つ。

二人の神前結婚式を見届けた後、車を疾走させる節子の顔には明るい笑顔が戻る。ジェンダー規範が性ごとに課した属性を統合した人格的強さを獲得したというのか、自分の人生に助手席でなく運転席を選んだ節子に爽快感が漂い、服部良一の軽快な音楽が彼女の再出発を励まして映画は終わる。だが節子はどこに向かうのか。これまでのスクリーン・モガを凌駕する理性と行動で節子のパワーを証明したところで伏水は彼女を走り去らせるしかない。『東京の女性』の夜空には「井上英会話スクール」や「ゼネラル・モーターズ」のネオンが輝く。だがこの映画が公開された頃、電力審議でネオン廃止が決定され、日本GM・日本フォードは三九年限りで事業を停止するまで追い込まれていた。民間乗用車セールスは消滅寸前だった。この時勢を見据える代わりに『東京の女性』は時間を凍結したスクリーンにモガ・イメージの一つの到達点であるヒロインを記録した。それはジェンダー規範が根強く支配する秩序に傷つけられても痛みを克服して前を向く節子の不可逆な変容である。

図24　『東京の女性』マニッシュな装いの原節子

『東京の女性』の消費生活は堂々と戦前水準を維持する。夏祭りの気配、「喫茶リサ」で給仕するエプロン姿のウェイトレス、休日のドライブ、料亭やバーでの接待に何の制限もない。パーマ・帽子はもちろん節子の着衣だけでも和洋多様、仕事用のシックなワンピースからネクタイにマニッシュなパンツ・ルックまで高級感がある。この豊かで安定した日常の表象には『東京ラプソディ』と同様、こうした光景を描かせる社会への屈託のない信頼がある。それは戦争がもたらす生活条件の悪化など大きな負担ではないという楽観なくして成り立たない。もちろん『東京の女性』のモダン・ライフが検閲に許容されたのは実際の国民生活がまだ厳しい窮乏状態には至っていなかったからだ。そして『東京の女性』に限らずモダン・ライフの表象はまだまだあちこちのスクリーンで反復されていた。

モダン・ライフ表象による戦争支援

実は、こうしたモダン・ライフ表象が社会への信頼を強化する作用は戦争を強く意識させる場合でも指摘できる。それを端的に示すのが『東京の女性』に続く伏水の音楽映画『君を呼ぶ歌』である。渡邊はま子ら人気歌手の歌唱を織り込む方便に声楽家男性の恋愛ドラマの体裁を取ったが、神妙にも主人公西脇健三（月田一郎）を出征させる。負傷して帰還した健三は恋人志津子（里見藍子）に再会し彼女のピアノ伴奏で自作の「白衣の兵士に捧げる歌」を歌ってハッピーエンドを迎える。平和で気楽な銃後を印象づけるのは、健三を案じながら休日の野球観戦やラジオで音楽を楽しむ妹夫婦の日常である。そして健三が負傷した脚を癒す施設の紹介としてドキュメンタリー映像が滑らかに挿入される。映し出されるのは実際に三九年秋に新設されたばかりの傷痍軍人専用の白浜温泉療養所（軍事保護院所轄）である。温泉水の潤いと心地よさ、最新設備による治療の充実を保証するシークエンスは傷ついた兵士を労る祖国の温情を確実に伝え、見る者に安堵と祖国に対する誇りを感じさせずにはおかない。この映像が日中戦争の深刻なダメージを痛感させることはない。それはこの映像がモダン・ライフを継続する社会の風景として見事な調和をもって呈示されるからだ。『君を呼ぶ歌』は批評家に軽くあしらわれた凡作にすぎない。だが『君を呼ぶ歌』はドキュメンタリー映像が戦争で死傷した兵士を想起させても、モダン・ライフの表象のおかげで戦争を続ける社会への信頼を些かも揺るがせない安定力を持ち得ただろう。

この年一一月、映画『泣蟲小僧』は思いがけず不名誉を被った。文部省が封切りから一年以上経過した『泣蟲小僧』をエノケンこと榎本健一主演の喜劇映画『どんぐり頓兵衛』(山本嘉次郎 三六年)等と並べて「非一般用映画」に指定したのである。「非一般用映画」は映画法による国民啓発の目的に照らして不適切と判断された映画のカテゴリーであり、一四歳以下の観覧が禁止された。とうに公開済みの作品の価値を遡及的に否定してみせることで当局は引き締め強化を誇示したのである。映画が人々と共にモラトリアムを終えるべき段階が近づいていた。

新体制下のスクリーン

近衛新体制に向かう社会

転機としての一九四〇年

終章は、長引く戦争に倦んできた社会が活気を漲らせた転機の年一九四〇年（昭和一五）を焦点化しながら映画界と女性表象の変化を確認し、その後の動向を概略しよう。前述の通り、この頃までにエリート女性らは公の肩書きをもち戦時国家のインサイダーとして働いていた。彼女たちに合流して、スクリーン・モガが国家の代弁を行ない始めたのが紀元二六〇〇年と寿がれた四〇年である。近衛新体制への期待が高まったこの年七月、贅沢とみなされた物品を規制する七・七禁令（奢侈品等製造販売制限規則）が施行され、消費の文化モダン・ライフははっきりと否定された。この禁令に伴い、内務省は「映画の中の人物・服装・持ち物にまで釘一本を打って」おこうと映画検閲の厳格化を通達した（渡邊捨雄、一九四〇）。これにより個人の幸福のみを描くもの・女性の喫煙・カフェーでの飲酒・豪華な衣服住・外国かぶれの言語や軽薄な動作などが一切禁止された。モダン・ライフ表象による戦争支援という段階は終わったのである。以後、大筋から言えば、一九三〇年代の日本映画が描き出したモガの多様性も制限される。だが固有の特色をもつ映画会社が他社との差別化を放棄しない以上、スクリーンの女性たちが画一的に尽忠報国を唱える軍国の女に収斂（しゅうれん）することはなかった。

一方、映画法体制の下、検閲は農村を描く映画の製作を奨励した。戦争に働き手を取られながら生産の負担に苦しむ地方農村への配慮である。戦時国家は国民統合の観点から都市と農村の格差が生む対立を解消しようと無医村問題など考慮したが、貧しい村を置き去りにして不均衡に拡大したモダニティの現実を直ちに変えることは不可能だった。当局は映画表象のパワーに期待した。こうして四〇年代の日本映画は戦時国家に促されて新しいテーマを模索するようになる。単純に否定的価値判断で括（くく）るのが不適当な一筋縄では行かないプロセスがあり、スクリーンでの試行錯誤は終戦を区切りにすべてうち捨てられたのではなく戦後映画に継承されたものもあったと考えられる。

これまで歴史学研究はさまざまなケースから、戦後日本の社会が過去との断絶だけでなく、戦時に導入された改革や人々の経験した意識変容を流れ込ませた連続面をもつことを明らかにしてきた。日本映画の経験も例外ではない。起点としての四〇年から始めよう。

紀元二六〇〇年の新春に向けて映画業界は「企画は慎重に、態度は厳粛に」という殊勝なモットーを掲げた。だが正月に肩の凝らない娯楽作を封切る慣行は一九四五年（昭和二〇）という戦時最後の正月でも継続されたほどで、四〇年も例年通りだった。松竹が過去の人気作『愛染かつら』と『人妻椿』にあやかって『愛染椿』（佐々木康）なる田中絹代主演作を公開すれば、東宝は長谷川一夫のいかにもめでたい『御存知東男』（滝沢英輔）を提供した。前年の映画法施行が映画界を一変させたわけではなかった。

四〇年の映画盛況

だが七・七禁令に伴う検閲強化のインパクトは破格に大きかった。もはや人気小説の映画化もままならず各社とも製作が三ヵ月ほど萎縮したと言う。にもかかわらず、復調した四〇年の製作は五〇〇本ほどで減少率は前年比一〇％程度だった。何よりも観客人口が三〇年代よりさらに増え続けており、日本映画の展望は明るく見えた。

外国映画に関しても、輸入許可が減っても完全締め出しはなさそうに思われた。雑誌『映画の友』三月号はアメリカ映画の大作『風と共に去りぬ』の製作費用からフランス女優コリンヌ・リシュール、「中国人」として売り出された女優李香蘭の魅力の分析まで幅広く外国映画ファンの関心に応えていた。

要するに七・七禁令や八月に登場した標語「贅沢は敵だ」が消費抑制を国民の義務にしても、消費文化への志向は尚も健在だった。だが四〇年は英霊に供える花輪・提灯の需要が生産を上回ったと言われ、戦没兵士の遺族となる人々が増え続けていた。当然ながら家族構成・居住地域・社会階層・政治意識・文化的嗜好など条件に応じて、各人が感じ取る社会の様相や戦争による抑圧感は異なっていた。たとえば、映画法に否定的だった映画評論家岩崎昶には四〇年は忌まわしい年だったろう。一月に突如逮捕され翌年二月まで留置場で過ごす羽目になったからである。

一方、ユナイト映画東京支社の宣伝部員だった淀川長治が感じた苦さは別次元のものだ。淀川はアメリカ映画『駅馬車』（ジョン・フォード）の宣伝に躍起だった。東宝東和が配給したベルリン・オリンピックの公式記録映画『オリンピア』（レニ・リーフェンシュタール　邦題『民族の祭典』『美の祭典』）が世間の注目を集めたからである。日本にドイツ贔屓を広めた映画に対抗してアメリカ西部劇の傑作を紹介するのは大変だった。それでも淀川にとっての四〇年は仕事に熱中できた年だった。

大衆娯楽の現状

一九四〇年（昭和一五）一月末、朝日新聞がある座談会を催した。文部省嘱託の大衆文化研究家権田保之助、東宝専務秦豊吉、劇作家岩田豊雄（獅子文六）、劇場ムーラン・ルージュ文芸部菊岡久利が集い、大衆娯楽の現状を語りあった。彼らは新宿のムーラン・ルージュの客席に家族連れが増え、歌舞伎に無縁だった人々が劇場に押し寄せるという急激な観客層の拡大を確認しながら、「作れば客が入る」現状が質的劣化を招くことに憂慮を表明した。

三八・九年の『愛染かつら』ブームに動じない彼らに意外だったのは、明治時代の貧農一家を描く地味な映画『土』が三九年にヒットしたことであり、動向を計れない観客の嗜好が言及された。これに関連して、東京帝大卒のインテリ秦が全国を市場とする映画製作の悩みを「都会と田舎の教養の差」（文化格差）として語った。東京での集客は東宝・松竹など大資本会社が質の高さを目指して作った作品の順なのに、九州を制したのは資本規模が桁違いに小さく低俗映画の製作会社と言われた大都映画・新興キネマの作品だったからである。換言すると、地方での大都・新興を支持する観客基盤は堅固で、東宝・松竹の一般作では到底切り崩せなかったのである。相変わらず、観客の嗜好に都市と地方で明白な乖離（かいり）があり、観客の二重構造は解消されていなかった。

日本の映画製作が農村・地方社会に関心を向けるようになる背景には、国民統合を願う内務省の要請と相まって、このように好みのかけ離れた観客を一つの国民観客として捉え、彼らに向けてアピールできる映画を作ることとの課題認識があったと思われる。

四〇年のメガヒット『支那の夜』

図25　『支那の夜』（李香蘭と長谷川一夫）

松竹の『愛染かつら』に続いて、一九四〇年（昭和一五）はライバル東宝の『支那の夜』が全国を沸かすメガヒットを達成した。東宝が「日華親善映画」と宣伝しても検閲・批評家はご都合主義のメロドラマとして蔑視した。だが劇中で甘美な歌声を披露する李香蘭と長谷川一夫の主演コンビを観客は熱烈に支持した。日本人男性と中国人女性の恋を描く『支那の夜』はジェンダー・メタファーによる政治的寓話として私自身を含め多くの論者が言及してきた。ここでは紙幅の都合上、転換期の四〇年に製作された点に集中しよう。以下の議論は大幅に短縮されたビデオ版に拠らず、合衆国議会図書館所蔵版・フィルムセンター公開版に基づく。

三九年末、監督伏水修、脚本家小国英雄らは日本占領下の上海・蘇州を視察し、翌年三月から脚本・配役に着手した。撮影は四月から約一ヵ月の中国ロケ、国内のセット撮影、潮来(いたこ)ロケを経て六月二日に完了した。上海や蘇州の「実景」は批評家に好印象を与える新鮮さを放ったが、現地での撮影を支援したのは日本軍である。凄惨な戦場だった上海閘北(ざほく)での撮影は陸軍の警護下に行われた。劇中のセリフで言及されるように危険地帯では戦闘が消え去っていなかった。

『支那の夜』は鉄兜(かぶと)の転がる戦場や廃墟化した街並を延々と見せつけ上海戦の熾烈さを伝えずにはおかない。またヒロインである若い中国人女性桂蘭（李香蘭）が三年に及ぶ占領の間に日本人との接触で被った暴力も仄(ほの)めかされる。桂蘭は日本人無頼漢に殴られかかり、長谷川一夫扮する日本人船員・長谷に助けられる。後の場面で桂蘭はこの長谷にさえも殴られるのではないかと反射的に腕をかざす防衛反応（ビデオにはない）を示す。こうした描写は占領状態を「孤島上海」と形容した中国側の感覚に寄り添うものだろう。だが破壊と暴力がいかに示されても当時の日本人観客が日中戦争に懐疑的になる可能性はなかった。観客には戦争を「暴れる支那を懲らしめる制裁」と捉える思考様式が堅固に植え付けられていたからである。

効率の良い映画的説得

戦争で家族を失った桂蘭の根強い抗日意識を知った長谷は、彼の誠実さで彼女の「日本人への誤解」を解こうと決意する。不信感あらわな桂蘭に忍耐強く接する長谷のアプローチが喚起するのは一九三〇年代半ばの協和外交である。日中提携を国民党政府と交渉を重ねた外相広田弘毅（ひろたこうき）は帝国議会で在任中に「戦争はない」と断言し穏健なスタイルを印象づけた。だが日本の中国権益を手放さない外交は不調に終わり、やがて戦争が勃発した。映画では理不尽に反抗を続ける桂蘭を長谷が引っぱたくことになる。この暴力行使で長谷は挫折感に打ちひしがれるが、彼の真情に桂蘭は心を開きこれまでの態度を謝り、二人は一気に親密度を増す。長谷の平手打ちから桂蘭の改悛（かいしゅん）までのシークエンスではラテン・ナンバー「シボネー」をBGMにしながら過去の日中外交が一気に比喩化され、日本に有利な和平の達成という願望が重ね合わせられる。斬新な演出ではない。要するに『支那の夜』は四〇年の観客が意識しようとしまいと彼らが既に抱いていた戦争認識を情緒的に刺激して、彼らの和平願望をスクリーンで充足してみせたのである。この効率の良い説得法は、日本人女性とし子が桂蘭に未来のビジョンを語る場面でも用いられる。

ロマンティックな映画の設定が国内でないことは効果的だった。一九四〇（昭和一五）年は男性の頭髪に丸刈りが増えた。モダーンな社風と言われた東宝にも世相に同調する空気が生まれ、長谷川一夫が船員らしくパーマをかけた髪型が内部で非難された。船員仲間の仙吉に扮した藤原釜足は芸名が歴史上の人物名を茶化すものとみなされて内務省から改名を強いられ、映画公開時は「藤原鶏太」だった。

上海に置換されたモダン・ライフ

緊張度を増す統制下の日本とは無縁に、スクリーンの上海で暮らす登場人物はモダン・ライフの生活モードを享受できる。四〇年を最後に輸入が断たれたコーヒー豆や一〇月末に廃止されるダンス・ホールの現実にお構いなく、長谷のコーヒー好きや仙吉がダンスを楽しむ様子が気兼ねなく描かれる。特に映画冒頭の上海のナイトクラブの場面（ビデオにはない）は音楽映画で定評のある伏水が日本のスローガンを彼独自に視覚化する。長谷を慕う歌手とし子が歌う陽気なジャズ歌謡「東宝平和の歌」に合わせ、服装や顔つきからは日本人か中国人か判別できない男女の一団がフロアで楽しげに踊るのだ。この歓楽場面を盛り上げるとし子を演じたのは音楽担当の服部良一の妹服部富子であり、三八年のヒット歌謡「満洲娘」で知られたテイチク・レコードの歌手だった。

『支那の夜』は夜の歓楽スポット大世界や苦力がたむろする朝の外灘の実写を織り込む一方、幼稚な英語をひけらかす日本人ホテルの経営者や船員らのドタバタ喜劇の乱闘をユーモラスな要素として詰め込む。禁酒法時代のギャングのような抗日スパイ団の表象やハッピー・エンディングの演出はあからさまにアメリカ映画からの借用だ。国際都市上海で日本人男女らが中心となって織りなすドラマを創出するため、伏水はお得意の娯楽要素を総動員したのである。七・七禁令に伴う検閲強化は『支那の夜』を契機としたものと言われる。『支那の夜』に憤った検閲はこの映画を典型とする日本映画従来の娯楽性を否定し、厳しく規制したのである。検閲に許容されるのはとし子という優等生モガのキャラクターだけである。

優等生モガとし子

とし子は桂蘭を制裁する長谷とは対照的にソフトな説得を行う日本人女性である。とし子は四〇年というタイミングにどこからも反感を招かないよう巧妙に設定された特殊なモガである。自分の意思で上海に暮らす職業人なのにほとんど個性を与えられず、飲酒も喫煙もしない優等生として作られたキャラクターだ。華やかな稼業にもかかわらず堅実貞淑で、真面目な長谷にお似合いの花嫁候補と噂される。上海戦で戦死した兄の墓参にとし子は危険地帯へ通う。『キネマ旬報』の批評は、

図26　優等生モガ・とし子役の服部富子（右）

歌手である妹が墓標に歌いかける場面（ビデオにはない）のあざとさを指摘したが、撮影が実際の戦跡で行われた点、つまり日本軍の犠牲を思い起こさせた点を評価せずにはいられなかった。

英霊の妹とし子は戦争で家族を失った桂蘭と孤独な境遇を共有するが、戦争観の違いがとし子の人間的成熟度を強調する。国家に一体化するとし子は戦争をアジアに平和を実現するための事業と信じ、兄の死を必要とされた犠牲として受忍している。その自律心は恋愛でも働き、長谷の愛情を欲する桂蘭が素直に彼と結ばれるよう自らの恋心を抑えて身を退く。このとし子が日本への帰国を決意する見事な理由が亡兄の「靖国」合祀の報である。とし子が贈ったウエディング・ドレスを着た桂蘭はとし子をロール・モデルに、もう一人のとし子として日本人長谷の妻にふさわしく振る舞おうと努めるのだ。

瓦礫（がれき）の山と化した桂蘭の邸宅跡でとし子は「桂蘭さん」と優しく語りかける。とし子は親代わりだった大事な兄を中国人に殺されても「お国の方を恨んでいません」と断言する。桂蘭に「嘘だ」となじられても怯（ひる）まず、同じ戦争で父を亡くした桂蘭に憎しみを捨てるよう促す。かつて佐藤忠男が指摘したようにとし子は互いの喪失の「相殺」を呼びかけている。戦争を「平和の建設」と信じるイデオロギーの力なしには現れない発想である。とし子には、戦闘で死んだ兄も攻撃に巻き込まれて落命した桂蘭の父も平和建設に「命をお捧げした」者として同一のカテゴリーで括れる。敵を憎んでも死者は戻らない以上、彼らの死が「犬死にならないように」、死者が「安らかでいられるように」とし子は桂蘭に「私たちは手を握り合い、幸福になりましょう」と呼びかける。円滑さを欠く服部富子の台詞回しがかえってキャラクターに朴訥さを与え、とし子の未来志向は表面的にはいかなる政治性も超越した普遍的平和主義のように聞こえる。当時の日本人観客にとって、この呼びかけは自民族中心思考の産物ではなく、それまでに日本が被ったダメージを和らげる緩衝作用、または日本人の倫理的優越性として響いただろう。

母国への一体化

この時点でとし子は銃後の守りとして家を預かるという一般女性の立場を超越し、日本人女性として国家に代わって戦争目的を正当化する積極的な役目を担っている。とし子はエリート女性ではない。この点、七月に公開された異色作『小島の春』（豊田四郎　東京発声）のヒロイン小山先生（夏川静江）とは決定的に異なる。スクリーンの女医はエリートの立場で先進国たる日本の体面からハンセン病患者の隔離政策を力説するが、とし子が心から信じて一体化する国家こそ兄亡き後、家族的共同体として彼女を文字通り温かく包み込む母国である。

『支那の夜』は日華親善を提唱する点では一一月に締結される「日華基本条約」に半年先んじたものだ。日本は蔣介石（しょうかいせき）の指導力を殺（そ）ごうと汪兆銘（おうちょうめい）に親日政権を樹立させ、「日華基本条約」で汪政権に共産主義勢力の排除などの条件を呑ませて日本の軍事支配を認めさせた。だが中国での憤激、英米の汪政権不承認を招き、外交をさらに難しくした。こうした現実と異なり『支那の夜』の日華親善に反共の政治性など不要不在だった。戦死した兄をもつとし子がしみじみと感傷的に両国の平和を語りさえすれば、日本人には充分に効果的だった（戦時下のOSS報告は『支那の夜』に三つのエンディングがあったという誤情報に加えて、早とちりの解釈を提供したが、伏水が描いた抗日スパイ団は共産主義者ではない）。

日華基本条約締結後、女性政治家・市川房枝は朝日新聞で汪政権内のインテリ女性に言及し、日本女性が「この人たちと手を携えてゆく」ことを唱えた。一九四〇年春に中国を視察して強い抗日意識を認識した上での提案である。だが合理的で実際的（プラクティカル）な主張はスクリーンのとし子の情緒的アピールほどには読者の心に迫ることはなかったろう。

今日、『支那の夜』は戦時日本の政治的プロパガンダとして言及されるが、そのようなものとして公式に官庁委託で製作された作品ではない。娯楽性豊かな大ヒット作として日本映画を代表して大東亜共栄圏の各地で上映されることで、そのアイデンティティは国際的に政治化されたのである。日本人を優しく愛国心の強い人々として描いて日本人観客を酔わせた映画表象の欺瞞（ぎまん）を他の民族は看破したのである。

新体制下の産業統制

ここで一九四〇年（昭和一五）の映画界が「映画新体制」と呼ばれる四一年の産業統制に至るいきさつに触れておこう。

戦争に倦（う）んでいた国民は刷新を熱望し、四〇年七月、近衛文麿の第二次内閣発足を強く支持した。東宝の相談役を辞した小林一三は商工大臣として入閣した。一〇月に近衛を支える大政翼賛会が発足すると、国民は下から上に民意を汲（く）み上げる画期的な政治参加の機関として歓迎した。エリート女性たちも「新婦人体制」の項目を当初の綱領に含めた大政翼賛会に期待した。「新体制」の掛け声であらゆる組織の統合が推進された。既存の組織がいったん自主解散し、改めて国家と一体化した存在理由を掲げて新組織を結成したのである。組織の乱立・分散・競争は「自由主義的」と否定され、弁護士団体から地方の文芸団体まで全国で組織が再編された。大小様々な製作会社が競い合う映画の領域に業界再編制の風が吹き始めたのは、この趨勢においてである。

ピーター・B・ハーイの『帝国の銀幕』が照らし出すように、国家による映画産業の統制は「懇談」を通じて巧妙に進められた。内務官僚は映画会社の経営・製作責任者に戦時を考慮した協力を求め、彼らから自発的対応を引き出した。むろん映画界は大胆な企業統合を予期しなかった。だが翌四一年夏に情報局が物資配分の観点から「民間に回すフィルムはない」と恫喝的な発表を行った時、私企業群が構成する映画産業は国家の思惑通りに企業統合を行なわねばならない事態に追い込まれた。これにより、一〇社あった劇映画製作会社は三社（松竹・東宝・大映）に限定統合され、大都映画は日活・新興キネマと共に新会社・大映（大日本映画製作株式会社）に吸収されて四二年一月消滅したのである。

映画業界の無防備さは大政翼賛会に期待して裏切られた国民の姿とも重なるかもしれない。国民は新しい政治のシステムを夢見て新体制を推進したのに、内務官僚が機構を乗っ取ると大政翼賛会は国民を戦争協力へ駆り立てる官製国民統合組織と化した。映画界は映画を国家管理下に置いた映画法を国家による認知と歓迎し、統制下の競争規制による商機を期待しつつ、懇談を通じて彼らの領域の自律性を手放していった。だが留意すべきは官僚のしたたかさではない。近衛新体制にせよ映画新体制にせよ、国民も映画界も将来を予期することなく戦時国家に合意を与え続けたという点である。生活水準は着実に悪化し戦死者が増え続けても「平和の長期建設」は支持された。四一年一二月にさらなる戦争が開始される以前、日中戦争下において人々は自らを拘束する状況を進んで迎え入れていたのである。モダン・ライフの棚上げどころではない大きな犠牲が要求される事態に至ろうとは想像もされなかった。

スクリーンの変化——創造性の功罪

歴史認識の操作

新体制に沸く一九四〇年（昭和一五）は神武天皇即位から二六〇〇年目として寿がれた。一一月に国を挙げて式典が行われた頃、映画界は七・七禁令の衝撃から立ち直っていた。この時期の作品の歴史操作に触れておこう。一〇月末に公開された『冬木博士の家族』（大庭秀雄　松竹）は軍医の夫を中国に送り出した妻早苗（川崎弘子）から見た銃後の日々を小さなエピソードを積み重ねて描く。「事変」を最初から一貫して「聖戦」と称するのが特徴だ。「聖戦一年目」「聖戦二年目」と中字幕（インター・タイトル）を挿入して物語る小さな作為によって、不拡大方針を日本が放棄した結果「聖戦」となった事実をあっさりと抑圧してしまう。

祝賀の一一月に封切られた『織田信長』（日活）は主人公を天皇の忠臣として印象づける。時代劇映画のヒットメーカー・マキノ正博監督は検閲と社会風潮を察知して巧みに新しい信長像を提供した。片岡千恵蔵扮する無類の乱暴者が父から家督相続を許されるのは、「乱世で大君（おおきみ）を安んじ奉る」ことができるのは信長しかいないからだ。異色の信長が誕生する背景には、時代劇ジャンルに大衆好みの股旅（またたび）映画ではなく、国民啓発に資する「歴史映画」を求める検閲の意向が存在した。

また、この時期らしい神妙な徴候が同月に公開された田中絹代主演作『舞台姿』（野村浩将　松竹）にも現れている。芸道に打ち込むヒロインは、一座を辞めて軍需工場の仕事に就こうという男性俳優の決意を尊重して彼を送り出す。重たく真剣なトーンで示される戦争への配慮は七・七禁令の強い影響を感じさせる。

農村表象に向けて

一九四〇年（昭和一五）一〇月、大政翼賛会は日本の文化政策を検討する文化部の部長に演劇人・作家の岸田国士（きしだくにお）を抜擢した。だがフランスで演劇を学んだ都会人・岸田は地方農村の実態を目の当たりにして社会的・文化的格差に困惑した。当初、岸田ら文化部が抱いた幻想――西洋的近代に呑み込まれ物質主義に堕ちた都市と違って地方の土着文化に日本本来の純粋で真正な文化の精髄がある――は砕かれた。貧しく不便で閉鎖的な農村に都市文化に代替して国民全体が共有できる文化など存在しなかったからである。格差の解消に長期的取り組みの必要を認めた岸田は、地方生活にはびこる因習性を廃し都市生活の知的性格を注入した「新しい文化」の創造を唱えるに至る。

農村の現実に対峙した岸田とは対照的に、映画人は必ずしも頭を抱える必要はなかった。彼らは農村の表象に取り組めば良かったからである。農村を描くよう内務省が奨励する以前に日活が製作した『土』は予想外の成功を収めていた。だが農村を描く映画は通常、地方で喜ばれず興行リスクが懸念された。産業人口で農業が最多の一三五〇万を占めた社会で、農村はスクリーンで見たいと願われるテーマではなかったのである。

日本映画の主流は近代性の表象を追究する空間として都市を描き、資本主義社会の可能性と限界の間で自由と束縛を感じる多様な個人の現代感覚を焦点化した。まさにその観点から絶賛されたのが、岸田国士の小説を映画化した三九年の『暖流』（吉村公三郎（よしむらこうざぶろう）　松竹）であり、日本映画が「今」の感覚をつかみ取って高い水準に達したと認識されたのである。

田舎はもっぱら、都会生活に疲れ傷ついた主人公が向かう帰還や一時待避の場所だった。三九年の映画『桑の実は紅い』（清水宏　松竹）も香港帰りで都会的空気を漂わすヒロイン・キヨ（田中絹代）への農民の反感と故郷に居場所のない女性の漂泊感を対比したようだ。四〇年の『小島の春』では女医が訪ね回る四国の風景が爽快な空間的拡がりをもたらすが、季節こそ巡っても進歩のない農村の後進性を暴かずにおかない。農村と都会の対立的構図をモチーフにする映画は作られても、農村表象に正攻法で挑む映画の製作は例外的かつ至難だったのである。

『馬』の表象戦略

それゆえ一九四一年（昭和一六）三月に東宝の『馬』が公開されると検閲・批評家に評価された。監督山本嘉次郎（やまもとかじろう）によれば、仔を孕（はら）んだ馬を預かった農家が産まれた仔馬を謝礼としてもらう「立て場」制度に着眼した企画を陸軍

図27　『馬』農家の娘いねに扮する高峰秀子

図28　化粧品広告の高峰秀子

の後押しで実現させたものだ。陸軍は三九年の軍馬資源保護法で軍馬養成を国策として打ち出し、『馬』に登場するアングロ・アラブ種の作出を奨励していた。

主演の高峰秀子はまだスターではなかった。松竹の名子役として多くのモダニズム作品（『麗人』で栗島すみ子扮する輌子の息子、『新道』で田中絹代扮する朱実の妹）に出演後、東宝に移籍したが、可愛い都会の少女だった。この高峰秀子が扮したのがモガどころか岩手の中農の娘いねである。突拍子もない行動力をもついねは戦争など考えずひたむきに馬の世話に明け暮れる。父のケガや借金問題が現れるドラマに大らかさが保たれるのは高峰秀子の輝きと熱演のおかげだ。いねが渾身の情熱を注いだ仔馬が二歳馬に成長すると軍馬として抜群の高値で買い上げられ一家は報われる。

季節ごとに四人のカメラマンを配した『馬』の撮影はドキュメンタリー性を意識し、岩手の山麓ロケを中心に三九年一〇月から行われた。一方、劇映画として『馬』は東北各地の方言・行事・民謡を取捨選択した上で実際にはどこにも実在しないが東北らしく見えるイメージを創り出した。全国どこの観客が聴いても理解される言語が検討され、いねは響きの柔らかい岩手弁を話し、他の話者は津軽・山形・秋田の言葉を交える。秋田のナマハゲに似せた行事はスタッフが東京で準備した鬼面を使った創作である。こうした恣意的合成は民俗学者柳田国男の叱責をかったが、山本監督は劇映画作りには許容される裁量と信じた。これは映画人が共有した認識であったし、興行の難しい農村映画で魅せるために必要有効な戦略であったろう。

こうして入念に準備された『馬』は商業的に成功した。だがこの映画の表象に新鮮な魅力を見出したのはもっぱら批評家・検閲、東京など都市の観客であったようだ。農村娘を代表しない特異なヒロインを設定し戦略を重ねて達成された『馬』の成功は、実際には農村というテーマの難しさを裏打ちしたように思われる。

大都映画の報国

日中戦争下の大都映画は創業者社長の死後、二代目社長の下でトーキー完備と質の向上を目指し、興行も順調だった。そして映画法制定以前から観客を国民として意識する新しいアプローチを試みた。本来の支持基盤である労働者観客に向けたテーマから離れ、国民啓発と主張しうる作品を少数だが製作したのである。正義漢の小学校教師を描く『級長』（三八年）など小崎政房監督作品の社会性は批評家・検閲から歓迎された。だが製作者の意欲が良心的でも本来の大都ファンに支持されず興行の不振が指摘された。

一九四一年（昭和一六）秋の野心作に見えた『大空の遺書』（益田晴夫）も不入りだった。

図29　『大空の遺書』広告

実在した海軍航空隊のパイロット間瀬平一郎を描く映画は当局の覚えめでたく軍事保護院の推奨と検閲手数料免除の扱いを受け、航空日九月二六日を期して公開された。間瀬空曹長は三七年の杭州湾上陸作戦の偵察飛行で行方不明となり、死後に少尉に特進した人物で未亡人一恵の手記が刊行され映画化されたものである。大都はスター近衛十四郎を主演に据えたが、見所となる派手な空中戦を撮る技術がなく画面の貧弱さで失敗した。自社の製作能力を超えてまで映画報国を強調しようとして裏目に出たのだ。

看板女優琴糸路が間瀬の妻役で登場したが女性客も入らず興行を救えなかった。底辺の女性が定番の琴糸路には夫の死に毅然として節度を失わない立派な帝国軍人の妻、日本女性の鑑(かがみ)たるヒロインは異色である。しかもこうした映画は大都ファンが従来の琴糸路主演作に求めるカタルシスの代わりに国民としてあるべき姿を教化する。子煩悩な夫と淑やかな妻がいたわり合う様子は戦意高揚映画の説教調にはほど遠い。だが、しみじみとした情感を通じて日本国民たる心構えを弁えさせるからこそ『大空の遺書』は観客の娯楽以上に戦時国家のイデオロギーに奉仕するものだ。大都ファンは彼らを喜ばすために作られたのではない映画を拒絶したのだった。

大都映画は前述の映画新体制によって新会社大映に吸収され消滅した。だが、それ以前の段階でファンを喜ばせるための映画作りに変容が生じていた点は見逃せない。

以下のセクションでは、映画がもはや「今」をつかむことができなくなった局面に注目し、いわゆる太平洋戦争下のスクリーンを駆け抜けよう。

「時代遅れ」となる映画

映画新体制の開始から間もない一二月、「自存自衛」を掲げた日本の真珠湾・マレー沖攻撃によって第二次世界大戦はアジア・太平洋に拡大した。だが「尽忠報国」が日本映画全体を覆い尽くすことはなく、男性を主役にした戦争映画が劇場を独占することもなかった。現存する松竹作品に明らかなようにスクリーンの女性たちはやはり恋愛・結婚による幸福を願い続けた。これは基本的には戦局悪化がドラマに暗い影を落とす一九四三年（昭和一八）以降も変わらない。四月に公開された『敵機空襲』の主眼も高峰三枝子や田中絹代扮する未婚女性らの愛の行方だ。

ただし、かんじんの空襲認識の甘さが指摘される事態が生じた。企画段階で当局の指導を仰ぎ適切と考えられた認識であっても公開時には悠長にしか見えないほど、戦局悪化が社会の緊張感を高めたからである。四三年以後、現代劇映画の批評にはしばしば時代遅れという批判がつきまとうことになる。常に時代の先端を見据えてきた映画製作の想像／創造力がもはや戦争の現実に到底追いつかなくなったのである。

こうした「時間差」を今日の視点から強く感じさせるのが、話題作登場の皮肉なタイミングだろう。太平洋での緒戦の大勝を記念した東宝の大作『ハワイ・マレー沖海戦』（山本嘉次郎）は四二年一二月に公開されると好評を博した。だが日本は既にミッドウエー海戦で大敗を喫し、ガダルカナル島で攻防が繰り広げられていた。さらに一年後の四三年一二月、松竹の『海軍』（田坂具隆）はスクリーンで英語教師・緒方（東野英治郎）にかつて軍縮条約を通じて日本の海軍力を制限した英米との対決を鼓舞させた。この時、連合国は対日処理をめぐってカイロでの会談を終えていた。

日本映画を「大東亜映画」と呼び変える発想も遅すぎたろう。アジア広域の異文化を扱う映画が付け焼き刃的に各社で企画され、四三年をピークに公開された。現地撮影を売り物にした『マライの虎』（古賀聖人　大映）・李香蘭を台湾先住民の娘に配した『サヨンの鐘』（清水宏　松竹）・長谷川一夫がインドの独立運動家ナリン王子に扮した『進め独立旗』（衣笠貞之助　東宝）などである。これらの評価は芳しくなかったが、すぐに「大東亜」どころではなくなった。日本軍は空と海でアメリカの攻勢に押され、国内の物資不足が深刻化し映画製作も厳しい状況に追い込まれたからだ。

図30　『進め独立旗』広告（左上がナリン王子役の長谷川一夫）

私の主張を行う個人

一九四四年（昭和一九）となると、興味深いことに戦争支持の体裁を保ちながら民主主義を標榜する戦後映画へのつながりを感じさせる演出が現れる。擁護されるのは個人の尊厳だ。松竹の『歓呼の町』（木下恵介）・東宝の『日常の戦ひ』（島津保次郎）から指摘しよう。

疎開に向かう人々を描く『歓呼の町』は公開された六月に「時期遅し」と言われた。今や疎開者を送り出す都市でなく受け容れる地方の負担が懸念されていたからだ。東京の板橋周辺で撮影された映画は、丁寧な言葉使いから良家の子女と知れる若い女性が不慣れな様子で郵便を配達する場面で始まる。これが示す男性不在に加え、住民の相次ぐ地方転出と軍需優先策で民需ビジネスの廃業が続く町は、歓呼どころか解体の途上にある。

注目したいのは主役ペア（上原謙・水戸光子）の縁談に関係しない「風呂屋の親爺(おやじ)」の扱いである。潔く廃業を決意する印刷業者とは対照的に、銭湯を営む親爺は娘婿を相手に商売へのこだわりを吠えるようにまくし立てる。舞台出身の小堀誠が演じる親爺の大声の長広舌には行政批判もさしたる理屈もない。店じまいが嫌なだけだ。この場面は愛着深い商売を手放す人々の鬱憤(うっぷん)をすくい取って解消するのが狙いなのか、親爺のやりきれない心情が突出して強烈に吐露される。

八月公開の『日常の戦ひ』のテーマは隣組である。東宝作品の主役を松竹スター・佐分(さぶ)利信(りしん)が務め、東宝の俳優が脇を固める異例は戦争後期の現象である。佐分利演じる大学助教授・谷口は四三年の学徒出陣で教え子を送り出して以来、英文学を講じる自分に悩みながら隣組長の任を引き受ける。この谷口を中心に、配給食糧の分配に頭を悩ます妻（轟(とどろき)夕起子(ゆきこ)）や老若男女の繊細な人物描写が評価されたものの、この隣組の様子もやはり悠長すぎると批判された。だが戦時公債の割り当て金額を議題とする会合の場面は、相互扶助にも相互監視にも機能したと言われる隣組の性格を示して意味深い。

『日常の戦ひ』が設定する隣組は富裕層から構成され、各戸の経済的差異による反目は現れない。だから会合で重大になるのは名誉である。画家・吉野の老母（藤間房子）は隣組に日頃、非協力的な息子夫婦のことを気にしている。だが息子夫婦が「国賊」の同義語である「英米的」と批判されると心から憤慨し、発言者に撤回を要求する。普段おとなしい老婦人が容易に引っ込まない。鎮静化のために谷口が聖徳太子の和の精神を引き合いに出すと各自非を認め議論は収まる。日本人であることを思い出させて争いを封じるのでは民主的とは呼べないが、会合の討議スタイルは注目に値する。参加者は戦争支援という目的で結びつけられているがファナティックな空気はない。互いに敬意を払い対等であろうとする姿勢が保たれる。つまり隣保組織の模範と戦時下の国民統合を強調する演出がまさに民主的マナーを視覚化するのである。

物質的充足が存在しない四四年のスクリーンで、スター俳優が演じるのではない風呂屋の親爺や老婦人が懸命に確認しているのは、何者にも踏みつけられるべきではない彼ら個人の尊厳である。検閲は敗色が濃くなると映画に「明朗化」を求めたから、私事を堂々と主張する個人の描写を観客の心理的ガス抜きとして許容したということだろう。もちろん、こうした映画が戦時国家のイデオロギー装置としての機能をすっかりオフにしているわけではない。けれども個の存在に敬意を払う演出がいささかでも観客の共感を呼び込んだなら、その時、映画は戦時国家を支援する任務から観客を喜ばすという本来の目的への回帰を志向したと言えるのではないだろうか。

スクリーンのモダン・ライフが示すもの——エピローグ

恐慌で明けた一九三〇年代の日本は、三〇年代半ばには意外にも「平和と繁栄」を享受する時期を迎えた。この「平和と繁栄」には契機として満洲事変という要素があり、植民地帝国の利点もあり、手放しに喜べるものではない。だが社会のさまざまな側面でめざましい展開があり活気を持った時代であったことは確かである。重工業を中心とする諸産業の発展が進行し、金融・企業は国家規制を経て合理化に向かった。トーキー化という技術革新を経て産業として強化された日本映画は、観客に効果的に語りかける作品を作るようになった。私がモダン・ライフとして言及した大衆的な消費文化の隆盛はまさにこの時代の現象である。

もちろん、この一九三〇年代の消費は、人口が増大し貨幣価値も変わった戦後に出現した大衆消費社会と比較できる規模のものではない。誰も彼もが映画の登場人物のように何らかのモダン・ライフを実践したわけでもない。都市から遠く離れた農村には雑誌などのメディアによって映画を代表とする都市文化の息吹が届けられても、映画を実際に見る機会のない人々がいた。そんな人々を置き去りにして花開いた消費文化を「国民の経験」と呼ぶことはできない。

さらに、「平和と繁栄」を享受した社会がそのまま平和を志向しなかったことは歴史の知るところである。三〇年代の経済成長と産業発展は、意図されようとされまいと、巨視的には日本が大きな戦争を遂行可能な社会として機能するために必要な基盤を整備することとなった。天皇の臣民である人々は日本政府が期待する通りに三七年に始まった中国との戦争を支持した。四〇年には近衛新体制を歓迎して戦時国家に同意を与え続けた。

ところが、人々の消費志向は四〇年を境に規制が強化されるまで旺盛だった。国民精神総動員運動という形で生活に介入し統制で制限を加える戦争と折り合いをつけながら、消費によって生活を充実させる態度はあくまでも放棄されなかったのである。言い換えれば、消費文化は人々がそれを楯にして戦争に抗するほどの政治的効果を持たなかったし、むしろ「モラトリアムとしての銃後」の章で論じたように人々の戦争に対する感覚を麻痺させる効果を持ったと考えられる。

経済学者ベンジャミン・M・フリードマンによれば、経済成長を持続する社会がその構成員に生活水準の向上を経験させると時間遅滞（タイム・ラグ）の後に社会的モラルにおいてプラスの影響が現れる。すなわち、好景気の持続のなかで市民の態度はごく緩慢ながらも変化し、やがて市民の間に経済的・社会的上昇のための機会の開放、貧困や差別を減らそうとする公的制度の導入、民主的手続きの重視といった社会全体にとって重大な事柄に関して合意（コンセンサス）が形成され、政治的効果につながるというのだ。

デモクラシーを社会的モラルの基本に据えるこの理論を、もし性急に応用するなら、三〇年代の「繁栄と平和」の評価はやはり否定的なものとなってしまうだろう。それは、都市を中心に一〇年に充たない期間、人々に個別化された物質的充足を感じさせる消費文化をもたらした。だが、国民生活全体に及ぼす影響としてはあまりに地域限定的・短期的であったため、政治レベルで有意義な効果――大きな負担を国民に課す戦争を支持しない態度――をもたらすような意識や価値観の変容を伴わなかった、そんな風に結論づけられるかもしれない。

そうなると、消費の文化モダン・ライフを戦前日本における民主的要素を内在させる文化的実践という観点から考慮するのは空しいことのように思われる。むしろ三〇年代の徒花として扱うのがいかにも妥当に見えてしまう。

しかしながら、日本映画におけるモダン・ライフという表象の次元に目を向けてみればどうだろう。まず、三〇年代を通じて観客がスクリーンのモダン・ライフを見守ったことの意義は決して小さくない。映画が描くモダン・ライフの多様性は観客にとってはごく当たり前になっていたから、観客からの承認と共感があったと考えるほうが自然だろう。彼らが見詰め続けたスクリーンのモダン・ライフの多義性は、結果的に戦争に突き進んだ社会を、それが潜在させていた可能性と限界から再考するよう強く促すのではないか。モダン・ライフの表象は、物質生活が人々に及ぼす資本主義のイデオロギー効果をプラスにもマイナスにも如実に示しているからである。

スクリーンのモダン・ライフ表象では、多くの場合、最も鋭敏な主体として若い女性が前景化される。そしてモノにせよサービスにせよ、質にせよ量にせよ、彼女が自分で選び取ることで個別化される消費の文化が立ち現れる。その消費はもはや狭義の消費行為にとどまらない。スクリーンの日常におけるささいな物質的充足でヒロインを輝かせるだけでなく、幸福への意欲、因習的な束縛からの自由と解放へと連続していく包括的なキー・ワードである。いわゆる家庭空間にも限定されずにさまざまな空間が設定され、そこで登場人物は選択を行い、自身の満足の対価に金銭・時間・労力、時には何らかの犠牲までも提供する。彼女、時に彼は、そうするうえで計算や戦略を働かせる。団子を食べるか映画雑誌を買うか、門付(かどづけ)の少女の単純でささやかな選択がある。娘のあらゆる幸福を願い他の一切を諦める母たちが単なる犠牲者でないのは彼女たちの選択があるからである。金持ちになり豪遊によって幸運を確認する男がいれば、幸福を最大化するチャンスとして結婚を計算する女がいる。旅芸人である踊り子が恋に人生を託そうとする熱情には自身を人生の設計者と信じる認識がある。あるいは、身分的差別や家庭内で課せられた役割の重荷から解放される瞬間の自由が描かれることもある。功利的に自己本位に行動しようと、翻弄され搾取されようと、彼女たち、彼たちが活力にあふれた自律的な個の存在であることが確認される。賢かろうとなかろうと自分で社会を理解し、人生を選びとる。

だが個の存在を輝かせるスクリーンのモダン・ライフにおいて、その前提である資本主義が生み続ける経済格差と社会的不平等は甘受されねばならない。一方で成功が称賛され、エリートの優越が自明とされるのに、誰もがチャンスをもてるとは必ずしも強調されない。

あくまで「私」流にこだわるモダン・ライフは、登場人物らに社会における彼らのポジションを知らせるが、人々を結びつけて社会的連帯に向かわせることには関心がない。むしろモダン・ライフが推奨するのは、金持ちは金持ちらしく、貧乏人は貧乏人らしく生きることである。

実際のところ、三〇年代の映画観客が、決して同質でも一枚岩の集団でもなかったことは既述の通りである。大都映画のファンなら他社の作品を見ないで大都映画の描く貧乏人の視線によるモダン・ライフに親しんだ。松竹・東宝・日活など主要会社の作品を見る観客なら夢見ることができる主人公の楽観主義、あるいは蹉跌(さてつ)と失意に共感したかもしれない。この観客たちは洒落た欧米映画を見ることがあっても、大都映画には無縁だったはずだ。それでいて、分離された観客は同じことを確認する。琴糸路がシングル・マザー女工に扮する大都の『乳房』、田中絹代が自己本位な令嬢を演じる松竹の『新道』、さらに英百合子による下層出身の母親を描く東宝の『母の曲』はいずれも既存の社会秩序を承認し、社会階層間の流動性など信じてはいない。

体制順応的なスクリーンのモダン・ライフに社会的ビジョンは必要とされない。登場人物が大日本帝国憲法下で男性に従属する立場にあった女性だからではない。『ほろよひ人生』のトク吉のように自分の可能性を信じて社会的地位の上昇を狙う男性であろうと、働く彼らが担う資本主義社会の行方を想い描くことはないのだ。社会を構想すると言っても傾向映画のような左翼的体制批判である必要はない。当時の経済思想には限界があったが、映画には表象の魔術を通じて社会の豊かさを考察する作業が可能だったはずだ。天下国家を振りかざさず、主人公が可能性を試し敗れても復活が目指せる社会の成立条件を検討することはできたかもしれない。けれども日本映画は、大衆観客の態度に寄り添ったと言うべきなのか、社会の形態や進路の決定に関わることを避け「お上にお任せ」を決め込んだのだった。

だからこそ、『東京ラプソディ』の珍しく開放的なエンディングはメルヘン的であっても資本主義ビジョンとして貴重だ。主人公一郎は歌手としての華やかな成功を遂げ著名人となる。だが彼に意欲が満ちるのは、恵まれない人々を助けるという新たな目的に社会的エリートとして目覚めた時である。一郎の朗らかな歌声が街中を歓喜で充たせば、東京は殺伐とした拝金主義の都ではなくなる。屑拾い(くず)の男から振り袖姿でピアノを弾く深窓の令嬢まで沢山の人々が「東京ラプソディ」を歌い継ぐ長い合唱合奏のシークエンスは、階級を超えた共同体の連帯とより豊かな明日への希望を感じさせて温かいのである。

現実に人々にビジョンを与え強力に結びつけたのは戦争である。日中戦争が始まると、それは戦時国家の国民として人々に協力を促し、団結を、やがて犠牲を強制した。だが人々は盲従したわけではない。戦勝が呼び込むはずの繁栄と彼らへの分配を漠然とでも期待しないで、統制を支持し、響きの良いイデオロギーに心酔したとは言えないだろう。

日本映画は、「銃後」と呼ばれながらも中途半端なまま統制が緩やかに進行した一九三八・九年の社会にしたたかに対応した。何よりもスクリーンのモダン・ライフは、国民生活を戦前に変わらぬ豊かさのイメージによって描き、実際に戦争がもたらしたダメージを観客がまともに直視することを妨げることで戦争を支援したのである。

スクリーンのモダン・ライフは、資本主義社会のビジョンを持たずに繁栄に憧れる人々が放つ活力の輝きと危うさを同時に伝える。果たして、彼らを見詰めた観客たち自身とどれほど違っていたのだろうか。このように感じる時、私たちの歴史的想像力は触発されてやまない。

あとがき

クマムシというごく微小な生物の特徴は「潜伏生命」と形容される。乾燥に対処する特殊な能力によってまるで死んだように見える「乾眠」で生命を保ち、水分が再び得られるや死から復活したように活動を始めるからだ。かつて観客の眼を捉えた映画（フィルム）も公開を終えて倉庫に置き忘れられるとクマムシさながら死んだような乾いた眠りに就く。だが再び映写され観客の視線が注がれれば、映画は蘇って死ぬことがない。

今日、近代美術館フィルムセンター*や映画研究者のおかげで映像修復・文献復刻が進んでいる。だが日本近現代史の研究者が映画に接近することはまずない。映画というのは視聴覚性が魅力的であっても史料としてはやけに頼りない代物であるからだ。戦前の映画となれば、フィルムが現存していても厳密に確定できる情報は大幅に限られ、複数のソースでの確認が叶わないことが多い。あまた存在した映画雑誌の致命的な欠号を嘆き、誤記に悩まされる。検閲に関する事柄さえ蓋然性のレベルに留まりがちである。さらに、研究目的に即したアプローチを検討することが容易ではない。

でも、だからと言って、映画に向き合わないというのは残念なことである。監督、俳優、製作スタッフ、そして観客、人は皆この世を去る。だが映画はタイム・カプセルとして登場人物の笑いも怒りも溜息も新鮮なままに伝えてくれる。映画は二〇世紀を伝える史料なのだ。特定の専門的知見を備えた研究者だけでなく、二〇世紀の経験を考察するあらゆる方々に映画を見ていただきたい。各人の関心分野から見るだけでも喚起される事柄は少なくないはずである。

もちろん、膨大であった戦前日本の映画文化の全貌を知ることは誰にもできない。フィルムが現存する限り、各種の放送・映像配信やＤＶＤなどソフトのレンタルや購入、上映会での鑑賞によってアクセスする可能性が私たちには残されている。今後の修復や発見がその数を増やすこともあるだろう。けれども失われた映画はあまりにも多い。たとえば、個性的な男性スター陣を擁した日活の現代劇映画の多くは現存しない。日活には科学・技術、企業に対する認識を垣間見せるドラマもあったようだ。本書で取り上げた女性中心の映画とは異なる、三〇年代における「今」の摑み方があったはずである。ノモンハン事件の映画化を図ったのも日活である。冒険少年小説で知られる作家山中峯太郎の著作を原作にした映画『鉄か肉か』は結局、製作されなかったけれど。失われた作品に思いをはせつつ、現存する映画が宿す不死の情報をどう活かすのか、知恵が絞られて良い時だろう。

本書には歴史文化ライブラリーの一冊として予め文字数制限が課されていた。だが紙幅の感覚が摑めずに執筆したため、書き上げた後から各章とも内容を大幅に割愛し改稿しなければならなかった。骨子だけは伝えるべく努めたが、削り込んで粗くなった議論が読者を悩ますことを懸念している。本書で取り上げた映画は私が視聴した三〇〇本以上のほんの一部でしかないが、社会変容のタイミングを示す作品として絞り込んだものである。参照した文献のリストも最小限度という要請のため、ごく限られた記載となった点はとりわけご寛恕を願うばかりである。

浅学な私に快くご教示くださった諸先生方、岩本憲児先生（日本大学芸術学部教授・映画学）・赤澤史朗先生（立命館大学法学部教授・日本史）・山田朗先生（明治大学文学部教授・日本軍事史）に心よりの感謝を記したい。どうもありがとうございました。現代思想史研究会を通じて友人となった倉敷伸子さん（四国学院大学教授・日本史）には原稿を読んでいただいた。彼女からの助言は孤独な書き手にとって大きな励ましだった。

以下の機関にも感謝の辞を捧げる。アメリカ合衆国議会図書館映画部門（Library of Congress, Motion Picture Division）が管理する日本映画を集中的に視聴する機会がなければ本書で論じた認識は到底得られなかった。文献閲覧に利用者の制限を行わない早稲田大学演劇博物館をきわめて民主的な文化施設として称賛したい。大都映画など無声映画作品にはマツダ映画社の無声映画鑑賞会を通じて出会った。近代美術館フィルムセンターは私にとって高校生の頃から常に貴重な映画を見せてくれる場所であり続ける。「日本映画データ・ベース」は頼りがいのあるオンライン・ソース（文化庁の同種サイトが登場するまで唯一の存在だった）として利用させていただいた。明治大学和泉図書館の皆さんには大変お世話になった。最後に、本の仕上げを担当して下さった編集部の板橋奈緒子さん、どうもありがとうございました。

二〇一二年十一月

宜野座菜央見

＊近代美術館フィルムセンターは二〇一八年国立映画アーカイブに組織変更した。

主要参考文献

一九二〇年代のナビゲーター――栗島すみ子

浅田彰・柄谷行人ほか「共同討議大正批評の諸問題」『批評空間』No.2、一九九一年
岩本憲児編著『日本映画とモダニズム』リブロポート、一九九一年
キム・ミヒョン編『韓国映画史』キネマ旬報社、二〇一〇年
桑山敬巳「大正の家族と文化ナショナリズム」季武嘉也編『大正社会と改造の潮流』吉川弘文館、二〇〇四年
金野美奈子『OLの創造』勁草書房、二〇〇〇年
佐伯友紀編『映画読本伊藤大輔』フィルム・アート社、一九九六年
佐相勉『溝口健二・作品全解説2』近代文芸社、二〇〇二年
バーバラ・佐藤編『日常生活の誕生―戦間期日本の文化変容』柏書房、二〇〇七年
季武嘉也編『大正社会と改造の潮流』吉川弘文館、二〇〇四年
竹中 労『日本映画縦断1 傾向映画の時代』白川書院、一九七四年
内務省警保局編「昭和五年六月発行誌」『活動写真「フィルム」検閲年報』第二巻、龍渓書舎、一九八四年
永富映次郎「上海ローマンス『豊情歌』撮影日記」『蒲田』一九二五年 十二月号

林靖治編『女優事始め　栗島すみ子／岡田嘉子／夏川静枝』平凡社、一九八六年
山田五十鈴『山田五十鈴　映画とともに』日本図書センター、二〇〇〇年
山本喜久男『日本映画における外国映画の影響』早稲田大学出版部、一九八三年
梁仁實「一九二〇年代視覚メディアの一断面─『大地は微笑む』と「朝鮮」」『立命館産業社会論集』第四三巻第一号、二〇〇七年

日の丸からモダン・ライフへ

因幡純雄「日本初の女性脚本家・水島あやめ伝」『シナリオ』二〇〇六年九月～〇七年一一月号
上野耕三「プロキノ拡・中とそれの成果並に批判」（『プロレタリア文化』一九三三年五月号）戦旗復刻刊行会『コップ』一九七九年
加藤厚子『総動員体制と映画』新曜社、二〇〇三年
宜野座菜央見「小春日和の平和における非常時─映画『非常時日本』のイデオロギー」岩本憲児編『日本映画とナショナリズム』森話社、二〇〇四年
日本専売公社専売史編集室編『たばこ専売史』日本専売公社、一九六三年
ジャネット・ハンター『日本の工業化と女性労働─戦前期の繊維産業』有斐閣、二〇〇八年
平野清介編『新聞集成昭和編年史』明治大正昭和新聞研究会、一九六五年
雑誌『活映』六一号～六九号、一九三三年

バビロンの女たち

石角春之助『浅草経済学』文人社、一九三三年
長田暁二・千藤幸蔵『日本民謡事典』全音楽譜出版社、二〇一二年
塩見鮮一郎『吃胸　江戸の辻芸人』河出書房新社、二〇〇六年
田中真澄ほか編『映画読本　成瀬巳喜男』フィルム・アート社、一九九六年
本庄慧一郎『幻のB級！大都映画がゆく』集英社新書、二〇〇九年
牟田和恵『戦略としての家族』新曜社、一九九八年
内務省警保局『活動写真フィルム検閲時報』第二四巻（昭和十一年度拒否又ハ制限ノ部）不二出版、一九八五年
渡邉武男『巣鴨撮影所物語』西田書店、二〇〇九年

モラトリアムとしての銃後

色川大吉『ある昭和史　自分史の試み』中公文庫、一九七八年
城戸四郎（山田洋次編）『わが映画論』松竹、一九七八年
小林一三『事変ハどう片付くか』実業之日本社、一九三九年
佐藤忠男『長谷川伸論　義理人情とはなにか』岩波書店、二〇〇四年
四宮正親『日本の自動車産業』日本経済評論社、一九九八年
末川　博『経済統制と人事調停』河出書房、一九三九年

林芙美子「泣蟲小僧　林芙美子文庫　あとがき」『林芙美子全集』第一六巻、文泉堂出版、一九七七年
山本薩夫『私の映画人生』新日本出版社、一九八四年
笠信太郎『日本経済の再編成』中央公論社、一九三九年

新体制下のスクリーン

今井清一・伊藤隆編『現代資料（四四）国家総動員（二）政治』みすず書房、一九七四年
板垣邦子『昭和戦前・戦中期の農村生活』三嶺書房、一九九二年
臼井勝美『日中外交史研究―昭和前期』吉川弘文館、一九九八年
外務省條約局「日本國中華民國間基本関係ニ関スル條約」『第二次世界戦争関係條約集』クレス出版、一九九九年
加納実紀代「解説」間瀬一恵『大空の遺書』ゆまに書房、二〇〇四年
岸田國士『生活と文化』青山出版社、一九四一年
杉本　竜「軍馬と競馬」菅豊編『動物と現代社会』吉川弘文館、二〇〇九年
中野敏夫ほか「検閲の窓から日本映画界について」『新映画』一九四一年七月・八月号
ピーター・B・ハーイ『帝国の銀幕―十五年戦争と日本映画』名古屋大学出版会、一九九五年
服部龍二『広田弘毅』中公新書、二〇〇八年
山本嘉次郎『カツドウヤ自他伝』大空社、一九九八年
渡辺捨雄「製作制限と興行部門の協力」『国際映画新聞』（一九四〇年　二七五号）近代美術館フィルム

センター、二〇〇八年
Office of Strategic Services Research and Analysis Branch, *Japanese Films: A Phase of Psychological Warfare*, 1944, USA. (Report No. 1307)

エピローグ

ベンジャミン・M・フリードマン『経済成長とモラル』東洋経済新報社、二〇一一年

全体にかかわるもの

宜野座菜央見「映画のなかの新秩序」山田朗編『戦争Ⅱ　近代戦争の兵器と思想動員』青木書店、二〇〇六年
宜野座菜央見「昭和モガの輝きと消失」早川紀代編『軍国の女たち』吉川弘文館、二〇〇五年
佐藤忠男『日本映画史　増補版』第一巻・二巻　岩波書店、二〇〇六年
田中純一郎『日本映画発達史』第一巻・二巻・三巻　中公文庫、一九七五・六年
中村隆英『昭和経済史』岩波書店、二〇〇七年
丸岡秀子・山口美代子編『日本婦人問題資料集成　第十巻　近代日本婦人問題年表』ドメス出版、一九八〇年
雑誌『キネマ旬報』

映画リスト（二〇一二年一一月現在でアクセス可能な作品）

監督	タイトル	製作会社	公開年	所蔵またはソフト情報
一九二〇年代のナビゲーター栗島すみ子				
池田義信	不如帰	松竹	一九二二	マツダ映画社所蔵
伊藤大輔	斬人斬馬剣	松竹	一九二九	FC所蔵
内田吐夢	虚栄は地獄	朝日キネマ	一九二五	マツダ映画社所蔵
島津保次郎	麗人	松竹	一九三〇	FC所蔵
清水宏	七つの海	松竹	一九三一・三二	(VHS)
日の丸からモダン・ライフへ				
内田吐夢	警察官	新興キネマ	一九三三	FC所蔵
小津安二郎	生まれてはみたけれど	松竹	一九三二	DVD
小津安二郎	出来ごころ	松竹	一九三三	FC所蔵・DVD
五所平之助	伊豆の踊子	松竹	一九三三	(VHS)
近藤伊與吉	非常時日本	大阪毎日新聞社	一九三三	合衆国議会図書館ほか所蔵
バビロンの女たち				
木村荘十二	ほろよひ人生	PCL	一九三三	(VHS)
五所平之助	新道	松竹	一九三六	(VHS)
佐々木康	少年航空兵	松竹	一九三六	(VHS)
清水宏	有りがたうさん	松竹	一九三六	DVD
中川紫朗	靖国神社の女神	合同映画	一九三五	マツダ映画社所蔵
成瀬巳喜男	乙女ごころ三人姉妹	PCL	一九三五	FC所蔵・(VHS)
伏水修	東京ラプソディ	PCL	一九三六	(VHS)

(VHS)…過去にVHSでリリースされたがDVD化されていない作品
FC…近代美術館フィルム・センター（2018年, 国立映画アーカイブに組織変更）

溝口健二	浪華悲歌	第一映画	一九三六	DVD（松竹）
溝口健二	祇園の姉妹	第一映画	一九三六	DVD（松竹）
溝口健二	愛怨峡	新興キネマ	一九三七	FC所蔵・DVD（ジュネス企画）
吉村　操	乳　房	大都映画	一九三七	マツダ映画社所蔵

モラトリアムとしての銃後

内田吐夢	限りなき前進	日　活	一九三七	FC所蔵
内田吐夢	土	日　活	一九三九	FC所蔵・（VHS）
小津安二郎	淑女は何を忘れたか	松　竹	一九三七	FC所蔵・DVD
木村荘十二	彦六大いに笑ふ	PCL	一九三六	（VHS）
熊谷久虎	上海陸戦隊	東　宝	一九三九	DVD
佐々木啓祐	母は強し	松　竹	一九三九	（VHS）
佐々木康	進軍の歌	松　竹	一九三七	（VHS）
佐々木康	新女性問答	松　竹	一九三九	DVD（松竹コアラブックス）
佐藤　武	チョコレートと兵隊	東　宝	一九三八	合衆国議会図書館・UCLAほか所蔵
島津保次郎	兄とその妹	松　竹	一九三九	（VHS）
田坂具隆	五人の斥候兵	日　活	一九三八	（VHS）
田坂具隆	土と兵隊	日　活	一九三九	（VHS）
豊田四郎	若い人	東京発声	一九三七	FC所蔵・（VHS）
豊田四郎	泣蟲小僧	東京発声	一九三八	（VHS）
成瀬巳喜男	妻よ薔薇のように	PCL	一九三五	（VHS）
野村浩将	愛染かつら（総集編）	松　竹	一九三八・三九	DVD
アーノルト・ファンク	新しき土	東　宝	一九三六	FC所蔵・DVD（アイ・ヴィー・シー）
伏水　修	君を呼ぶ歌	東　宝	一九三九	FC所蔵
伏水　修	東京の女性	東　宝	一九三九	（VHS）

国立映画アーカイブとマツダ映画社はそれぞれ所蔵作品を上映。
国立映画アーカイブHP　https://www.nfaj.go.jp
マツダ映画社(無声映画鑑賞会)HP　https://matsudafilm.com

山本嘉次郎	どんぐり頓兵衛	PCL	一九三六	（VHS）
山本嘉次郎	藤十郎の恋	東宝	一九三八	（VHS）
山本薩夫	母の曲	東宝	一九三七	（VHS）
吉村公三郎	暖　流	松竹	一九三九	DVD（松竹コアラブックス）
渡辺邦男	北支の空を衝く	PCL	一九三七	FC所蔵
渡辺邦男	白蘭の歌	東宝	一九三九	（VHS）

新体制下のスクリーン

大庭秀雄	冬木博士の家族	松竹	一九四〇	FC所蔵
衣笠貞之助	進め独立旗	東宝	一九四三	（VHS）
木下恵介	歓呼の町	松竹	一九四三	DVD
古賀聖人	マライの虎	大映	一九四三	DVD（コスモ・コンテンツ）
島津保次郎	日常の戦ひ	東宝	一九四四	（VHS）
清水　宏	サヨンの鐘	松竹	一九四三	（VHS）
田坂具隆	海　軍	松竹	一九四三	（VHS）
豊田四郎	小島の春	東京発声	一九四〇	（VHS）
野村浩将・渋谷実・吉村公三郎	敵機空襲	松竹	一九四三	（VHS）
伏水　修	支那の夜	東宝	一九四〇	（VHS）
マキノ正博	織田信長	日活	一九四〇	FC所蔵・DVD『風雲児信長』（グラスホッパー）
益田晴夫	大空の遺書	大都映画	一九四一	FC所蔵
山本嘉次郎	馬	東宝	一九四一	FC所蔵
山本嘉次郎	ハワイ・マレー沖海戦	東宝	一九四二	FC所蔵・DVD

著者紹介

沖縄県那覇市生まれ、東京育ち
早稲田大学法学部卒業
映画会社・東北新社勤務を経て、ニューヨーク大学大学院MA取得
二〇〇七年、UCLA大学院歴史学部Ph.D.取得
現在、明治大学・大阪芸術大学兼任講師、映像テクノアカデミア講師

主要論文

「昭和モガの輝きと消失―一九三〇年代映画の女性」(早川紀代編『軍国の女たち』吉川弘文館、二〇〇五年)
「映画のなかの新秩序―モダンの内面化と文化のヘゲモニー」(山田朗編『戦争Ⅱ 近代戦争の兵器と思想動員』青木書店、二〇〇六年)
「沖縄を語る行為の現在」(黒川みどり編『近代日本の「他者」と向き合う』解放出版社、二〇一〇年)

歴史文化ライブラリー
364

モダン・ライフと戦争
―スクリーンのなかの女性たち―

二〇一三年(平成二十五)三月一日 第一刷発行

著 者 宜野座菜央見(ぎのざなおみ)
発行者 前田求恭
発行所 株式会社吉川弘文館
東京都文京区本郷七丁目二番八号
郵便番号一一三―〇〇三三
電話〇三―三八一三―九一五一〈代表〉
振替口座〇〇一〇〇―五―二四四
http://www.yoshikawa-k.co.jp/
印刷=株式会社平文社
製本=ナショナル製本協同組合
装幀=清水良洋・渡邉雄哉

歴史文化ライブラリー

1996.10

刊行のことば

現今の日本および国際社会は、さまざまな面で大変動の時代を迎えておりますが、近づきつつある二十一世紀は人類史の到達点として、物質的な繁栄のみならず文化や自然・社会環境を謳歌できる平和な社会でなければなりません。しかしながら高度成長・技術革新にともなう急激な変貌は「自己本位な刹那主義」の風潮を生みだし、先人が築いてきた歴史や文化に学ぶ余裕もなく、いまだ明るい人類の将来が展望できていないようにも見えます。このような状況を踏まえ、よりよい二十一世紀社会を築くために、人類誕生から現在に至る「人類の遺産・教訓」としてのあらゆる分野の歴史と文化を「歴史文化ライブラリー」として刊行することといたしました。

小社は、安政四年（一八五七）の創業以来、一貫して歴史学を中心とした専門出版社として書籍を刊行しつづけてまいりました。その経験を生かし、学問成果にもとづいた本叢書を刊行し社会的要請に応えて行きたいと考えております。

現代は、マスメディアが発達した高度情報化社会といわれますが、私どもはあくまでも活字を主体とした出版こそ、ものの本質を考える基礎と信じ、本叢書をとおして社会に訴えてまいりたいと思います。これから生まれでる一冊一冊が、それぞれの読者を知的冒険の旅へと誘い、希望に満ちた人類の未来を構築する糧となれば幸いです。

吉川弘文館

〈オンデマンド版〉
モダン・ライフと戦争
スクリーンのなかの女性たち

On Demand
歴史文化ライブラリー
364

2021年（令和3）10月1日　発行

著　者　宜野座菜央見（ぎのざ なおみ）
発行者　吉川道郎
発行所　株式会社　吉川弘文館
〒113-0033　東京都文京区本郷7丁目2番8号
TEL　03-3813-9151〈代表〉
URL　http://www.yoshikawa-k.co.jp/

印刷・製本　大日本印刷株式会社
装　幀　清水良洋・宮崎萌美

ISBN978-4-642-75764-5